Wolfgang Longardt / Klaus W. Vopel
Den eigenen Weg entdecken

W0191336

Wolfgang Longardt / Klaus W. Vopel

Den eigenen Weg entdecken

Weg-Symbolik in Geschichten und Spielen

Patmos Verlag Düsseldorf

Reihe: Materialien für Schule und Gemeinde

Die Deutsche Bibliothek – CIP-Einheitsaufnahme

Longardt, Wolfgang:
Den eigenen Weg entdecken :
Weg-Symbolik in Geschichten und Spielen. /
Wolfgang Longardt/Klaus W. Vopel.
– 1. Aufl. – Düsseldorf : Patmos, 1997
(Reihe: Materialien für Schule und Gemeinde)
ISBN 3–491–77018–1
NE: Vopel, Klaus W.:

Umschlaggestaltung: Volker Butenschön
© 1997 Patmos Verlag Düsseldorf
Alle Rechte vorbehalten
1. Auflage 1997
Satz und Notensatz: Kontrapunkt Satzstudio Bautzen
Druck und Binden: Bercker GmbH, Kevelaer
ISBN 3–491–77018–1

Inhalt

Zuvor: »Wenn Schuhe erzählen könnten«

Eine meditative Einstimmung zur WEG-Symbolik

Plötzlich habe ich sie mitten beim Aufräumen in der Hand: zwei winzige Kleinkinderschuhe, die Sohlen deutlich abgelaufen, das Oberleder angekratzt, ein Senkel zerrissen ... Könnten diese Schuhe erzählen, so wäre das wohl eine Geschichte von ersten unsicheren Schritten. Aber unter den Augen der stolzen Eltern führen diese kleinen Wege meist rasch wieder zurück zu den Eltern – oder sie enden mit einem plötzlichen Hinfallen aus Mangel an Gleichgewicht.

Doch kaum von Elternhänden wieder aufgehoben, beginnen die kleinen Füße in diesen Schuhen neue Gehversuche.

Eines unserer Kinder hat in diesen Schuhen das Laufen geübt. Ja, wir sahen voller Freude und Stolz dabei zu. Der Gedanke, nun beginnt die Fähigkeit, eigene Wege zu suchen, sich von den Eltern zu entfernen, lag uns so fern.

Aber Leben gewinnen, das heißt Loslaufen, den eigenen Weg wagen. Da gibt es Stürze, da gibt es Niederlagen. Aber wir stehen wieder auf, wir wagen es aufs Neue.

Die Ratschläge der anderen nützen so wenig, ihre Erfahrungen sind nicht übertragbar.

Irrwege, Umwege bringen wichtige eigene Erfahrungen. Unsere Schuhe könnten auch von so manchem nur zögerlich begonnenen Weg erzählen. Und von manchem großen und kleinen Stolperstein wäre die Rede.

Zum Suchen des eigenen Weges gehört immer neuer Mut. Welch ein Geschenk, wenn nach Niederlagen und Enttäuschungen uns neue Kräfte zuwachsen. So manches Paar Schuhe wird in die Ecke gestellt, wir sind herausgewachsen, – äußerlich und innerlich.

Aber auch mit gewachsener innerer und äußerer Kraft, auch mit neuen, gut besohlten Schuhen kommen Wegstrecken, die bang machen, die Zweifel wecken. Und wenn alle Auswege versperrt scheinen, begegnet mancher einem Engel in Menschengestalt, der neue Türen öffnet, der ermutigt und begleitet. Wir sagen dann: »Ein Segen, dass du mir begegnet bist!« Glück auf dem Weg, Gewinn an Erfahrung, an Tiefe. Gut, wenn wir ahnen, dies alles hat mit dem zu tun, in dem unsere Wege enden und bewahrt bleiben.

Der weise Psalmbeter drückte es so aus: »Herr, du kennst *alle* meine Wege«. (Psalm 139)

Wolfgang Longardt

A. Erster Lehrerteil

Vorüberlegungen und
Informationen

I. Aus dem Religionsunterricht etwas für den eigenen Lebensweg mitnehmen?

Seit Jahrhunderten geht die Meinung um, in der Schule lerne man für das Leben. Doch wer kann behaupten, dies gelänge auch? Unsere klassischen Lernpsychologen von Copei über Roth bis zu Dietz kommen seit langem zu etwas anderen Ergebnissen[1].

Nach Heinrich Dietz[2] gibt es ein »graues Gelerntes«, zu dem man schwer zurückfindet, das bei seinem Erwerb keinerlei Spuren in der Phantasie hinterlassen hat. Doch Phantasiefunktionen sind unerlässlich wichtig für bleibende Lernerfahrungen, die »im Entstehen wesentliche Spuren hinterlassen« haben[3].

Tiefer gehende Lernprozesse nutzen Spielarten der Phantasie

Realphantasie von Dingen, die auf ihre Weise »reden« können, Einfühlungsphantasie von Situationen und Problemlagen, Lösungs-Phantasie für festgefahrene Konflikte, Voraus-Phantasie für künftige Situationen: Das sind nur einige der reichen Spielarten der kindlichen Phantasie, die im Unterricht ins Spiel kommen sollten.

Freilich gilt es im Blick auf religionspädagogische Konzepte und Theorie-Spielarten einzugestehen, dass »Phantasie-Phänomene« meist nur marginal erwähnt werden. Erst Albert Höfers kreativer Ansatz, der sich von der Gestalt-Pädagogik und Gestalt-Psychologie herleitet[4], macht Ernst mit der zentralen Bedeutung der Phantasiekräfte für religiöse Lern- und Erfahrungsprozesse.

Wenn auch medial-spielerisch abgewandelt, folgt die sogenannte »Rissener Schule« den Spuren Höfers[5]. Offene biblische Situationen werden zum Beispiel in »Ergänzungsphantasie« alternativ fortgeführt, mit den Mitteln der Einfühlungsphantasie werden Handlungsvarianten zu Entscheidungen großer Glaubensgestalten entworfen, ihre Geschichten »weitergeschrieben«, aber auch religiöse Bilddarstellungen einfühlsam verklanglicht, um nur einige der typischen Rissener »gestalt-orientierten« religionspädagogischen Handlungsweisen zu erwähnen.

In Fortbildungsseminaren für Religionslehrer/innen ergab sich oft, wenn auf tiefergreifende Lernprozesse hingearbeitet wurde, die alte Fragestellung eines Friedrich Copei, der den »fruchtbaren Moment« im Bildungsprozess gesucht hat, oder eines Heinrich Roth, der vom Lernenden die didaktische Suche nach möglichst »originaler Begegnung« forderte. Wenn sie ermöglicht würde, käme vertieftes Lernen in den Blick. Vertreter/innen des Faches Religionsunterricht argumentierten dann hinsichtlich der Vermittlung biblischer Lerninhalte immer wieder mit dem oft zitierten »garstigen Graben« zwischen heutiger Zeit und biblischen Jahrhunderten. Doch auch so manch anderes Fach müht sich, Distanz zu Jahrhunderten interessant zu überspringen.

Vom Ertrag des eigenen Unterrichts aus Kindertagen

Spuren hinterließ, so ergaben viele Befragungen von Religionslehrern und Religionslehrerinnen, oft ein Religionsunterricht, der durch eine starke, ausstrahlungsfähige, den Glauben auch praktizierende Lehrerpersönlichkeit gegeben wurde. Solche persönlichen Begegnungen wogen meist auch methodische Schwächen des Unterrichts auf. Doch Ausbildungs- und Fortbildungsprogramme können die Zahl dieser ausstrahlungsstarken Glaubenspersönlichkeiten nicht vermehren.

Immerhin kann ein Religionsunterricht ein Mehr an Authentizität und Solidarität mit Kindern und Jugendlichen gewinnen, wenn Lehrer oder Lehrerinnen sich eingehend selbst befragen: Welche religiösen Lernerfahrungen für den eigenen Lebensweg bis heute tragfähig gewesen sind? Wurde aus dem schulischen Religionsunterricht Tragfähiges, Bleibendes mitgenommen, und was war das?

Sind Lernprozesse aus Kindheitstagen vielleicht durch das Elternhaus angeregt und vertieft worden, so dass diese – symbolisch gesprochen – »wie Stock und Hut« wertvoll geworden sind?

Ganz gewiss bleiben viele »graue Wissensstoffe« dabei auf der Strecke, hier hat Heinrich Dietz recht. Aber Lernerfahrungen bestimmter Augenblicke haben wohl in jedem Leben Spuren hinterlassen.

In jenen Stunden oder Augenblicken waren wir immerhin so wach, so »lernoffen«, so mit allen Denk- und Gemütskräften dabei, dass uns Wichtiges eben nicht entgangen ist!

Dieses »Wichtige«, von dem wir spürten, dass es uns angeht, kam in Gestalt faszinierender Geschichten uns entgegen. Besonders Erzählungen aus dem Alten Testament: Von Wagnissen und mutigen Aufbrüchen, um ein neues Land zu suchen, von Geschwisterkonflikten, von Träumen und zu überwindenden Ängsten, all dies, so spürten wir, könnten wir in ähnlicher Form eines Tages auch durchleben.

Zudem waren die biblischen Hauptpersonen, im Gegensatz zum Märchen, keine unerreichbaren Helden, sondern Menschen »mit Ecken und Kanten«, die – wie wir – zuweilen auch versagen, lügen, betrügen etc. Und da war ein »Mehr« an Erfahrung in diesen Geschichten, eine Dimension des Geheimnisvollen, Nicht-Beweisbaren. Eine unsichtbare Kraft, Gott genannt, schien im Spiel zu sein.

Weil nicht alles in diesen Erzählungen »so glatt aufging«, wirkten sie weiter: Geschichten zum Welt-Deuten und Welt-Entdecken. Weil Phantasie geweckt wurde, Identifikation nahe lag, wurden wir »hörfähig« und lernoffen.

Wenn Lehrende und Lernende sich durch Phantasie Geschichten ganz neu erschließen

Gewiss ist es in unserer von Medien überschütteten Welt heute schwieriger, Kinder so zu sensibilisieren, dass sie neu hörfähig und innerlich offen werden. Doch Spielarten der Phantasie lassen sich wecken, sobald die Lehrenden sich nicht scheuen, zunächst wieder etwa die eigene Ergänzungsphantasie (zum Beispiel an »Geschichten ohne Schluss«), die Einfühlungsphantasie im Lesen und Erspüren von Mimik und Körpersprache (zum Beispiel in pantomimischen Versuchen oder im Nachstellen »lebender Bilder«) neu zu bejahen.

Dann kann »der Funke« überspringen, dass etwa alttestamentliche Aufbruchsgeschichten von Abraham und Joseph buchstäblich wieder »Gestalt gewinnen«, mitten im Klassenzimmer!

Phantasievolle Spiel- und Gestaltungsformen, die sich sowohl in RU-Fortbildungsveranstaltungen, wie auch im Umgang mit Kindern während des Kindergarten- und Grundschulalltags bewährt haben, werden in den Folge-Kapiteln dargestellt. Für manchen überraschend werden sowohl für die Bewusstmachung der eigenen Erfahrungskompetenz des oder der Lehrenden wie für die Kinder zuweilen ähnliche oder gleiche Phantasie-Spiele vorgeschlagen! Da wo ein Spiel glückt, sind Spielende nämlich ganz dabei, da erleben sie einen »fruchtbaren Augenblick«, eine »originale Begegnung« mit etwas Entdeckenswertem. Und das gilt für Alt und Jung!

II. Ein Lied vom Aufbrechen ins Leben wurde sinnentstellt

Um das Jahr 1869 schrieb Franz Wiedemann den folgenden, reimfreudigen Kinderlied-Text:

Hänschen-Klein
ging allein
in die weite Welt hinein.
Stock und Hut
steht ihm gut,
Hans ist wohlgemut.
Aber Mutter weint so sehr,
hat ja nun kein Hänschen mehr.
»Wünsch dir Glück«,
sagt ihr Blick,
»kehre bald zurück.«

Sieben Jahr
trüb und klar,
Hänschen in der Fremde war.
Da besinnt
sich das Kind,
läuft nach Haus geschwind,
doch nun ist's kein Hänschen mehr,
nein, ein großer Hans ist er:
braungebrannt
Stirn und Hand,
wird er wohl erkannt?

Eins, zwei, drei
geh'n vorbei,
wissen nicht, wer das wohl sei?
Schwester spricht:
»Welch Gesicht?«

Kennt den Bruder nicht.
Doch da kommt sein Mütterlein,
schaut ihm nur in's Aug hinein,
ruft sie schon;
»Hans, mein Sohn!
Grüß dich Gott mein Sohn!«

Bald wurde der schnell populär werdende Text auf eine sehr eingängige Melodie unbekannter Herkunft gesungen, die man auch für das Lied »Alles neu macht der Mai« und für »Turner, zieht froh dahin« benutzte.

Bald steht das Lied »Hänschen-Klein« in Fibeln und Schulbüchern, seine Verbreitung wächst sprunghaft.

Seltsamerweise taucht das Lied in einer den Weggang und das Sich-Lösen vom Elternhaus, wie auch die Wandlung zum Erwachsenen sinnentstellenden, verharmlosenden Kurzfassung 1913 in einer »Stuben-Poesie-Sammlung« in Leipzig auf.

Die erste Strophe nimmt dort eine ganz andere Wendung. Nachdem die ersten Zeilen noch genau dem Original folgen, schließt die Strophe dann überraschend schon mit einer Rückkehr:

... Aber Mutter weint so sehr,
hat ja nun kein Hänschen mehr,
da besinnt
sich das Kind,
läuft nach Haus geschwind.

Diese Schlusszeilen sind aus der ursprünglichen Folgestrophe »Sieben Jahr, trüb und klar ...« herausgelöst und sofort an die erste Strophenhälfte angefügt.

Das Kurzlied sollte als sog. »Knie-Reiter-Spiel« dienen, dem Lied »Hoppe, hoppe, Reiter« vergleichbar.

Um ungestörtes Idyll bemüht, wurden die Strophen von Weggang und Wandlung des Hänschens in einen braungebrannten Hans einfach weggelassen.

Bedauerlicherweise hat diese Knie-Reiter-Fassung das alte, sinnreiche Lied verdrängt. Heute sind die weiteren Strophen und somit die Urgestalt recht unbekannt.

Als ein Kuriosum mutet es an, wenn jetzt Volkslied-Editoren an die harmlose »Knie-Reiter«-Strophe, in der Hänschen nicht wirklich in die

Welt hinauszieht, die alten Wanderstrophen einfach anhängen. Zwischen erster und zweiter Strophe ist ein unlogischer Bruch: Er war doch wegen der Tränen der Mutter offenbar sofort (noch an der Haustür?) wieder umgekehrt, da ist es unlogisch, jetzt doch von sieben Jahren Abwesenheit zu singen.

Gegebenenfalls hätten Neuherausgeber eine Zwischenstrophe einfügen müssen, die von späterem, erneuten Weggang erzählt, und dass dieser Aufbruch dann tatsächlich eine längere Trennungs- und Entwicklungsphase zur Folge hatte[6].

Bedenkt man die Grundaussage des Originals von Franz Wiedemann, dass Leben heißt: »seinen eigenen Weg gehen«, was die Lösung vom Elternhaus und prägende, reifende Erfahrungen in »trüben und hellen Jahren« einschließt, dann dürfte es für den Schulbereich hochinteressant sein, dieses weise alte Lied in Originalform zu tradieren. Wir besingen damit eine Art Lebens- und Entwicklungsgesetz, machen Mut zum Suchen und Finden des eigenen Weges. Doch der oder die Heranwachsenden gehen mit gutem Gepäck hinaus ins Leben: Symbolisch umschrieben mit »Stock und Hut«.

Was dies etwa für den Religionsunterricht bedeuten könnte, lohnt es zu entdecken.

B. Zweiter Lehrerteil

Übungen, Spiele,
Phantasiereisen für Erwachsene

I. Der eigene Aufbruch vom Kinder- ins Erwachsenenland

In den Arbeitsgemeinschaften von Religionslehrern, aber auch in Seminaren und Fortbildungstagen gewannen Lehrerinnen und Lehrer ein Mehr an Sicherheit und Freude zum Thema »... allein in die weite Welt hinein«, indem sie einige der folgenden Übungen erprobten und reflektierten:

1. Fußsohlen-Spiel: »Was nahm ich mit an Sichtbarem und Unsichtbarem?«

Ziele
Bewusstmachen der eigenen Erfahrungskompetenz; als Erwachsener Klären der eigenen Gewinne beim Abschiednehmen vom Kinderland und Aufbruch in eine selbstgestaltete Zukunft.

Benötigte Materialien/Medien
Papier, Wachsmalstifte, Scheren zum Herstellen der Fußumrisse (Papiersohlen)

Impulsschritte
a) Ummalen der eigenen Füße (bitte ohne Schuhe, in Strümpfen oder barfuß); anschließend werden die Umrisssohlen beider Füße ausgeschnitten.
b) In Einzelarbeit wird die linke Fußsohle mit sichtbaren Dingen beschriftet, die beim Aufbruch aus dem Kinderland/Elternhaus hauptsächlich mitgenommen wurden. Auf die rechte Sohle werden unsichtbare Dinge aufgeschrieben, die »mitgenommen« wurden und einige Zeit oder bis heute Bedeutung hatten.
c) In Kleingruppen oder im Plenum werden die Beschriftungen vorgelesen, es ist Zeit zum Nachfragen und Reflektieren. (Niemand löst sich vom Elternhaus und Kinderland, ohne Sichtbares und Unsichtbares mit-

zunehmen. Was ist besser im Gedächtnis geblieben? Woran mag das liegen?)[7]

2. Symbol-Spiel mit »Stock und Hut«

Ziele
Erinnern eigener Erfahrungen des Gewinnens von Sicherheit, des Sich-Stützen-Könnens und der inneren Geborgenheit.

Benötigte Materialien/Medien
Ein großer Hut, Zettel, Stecknadeln, Kugelschreiber, ein großer, robuster Wanderstab, auf dem man auch etwas schreiben kann oder auf dem sich schmale Zettel mit Reißbrettstiften befestigen lassen.

Impulsschritte
a) In Kleingruppen wird beraten, mit welchen »Dingen, die schützen und behüten«, die Geborgenheit vermitteln, ein symbolischer Wanderhut per Ansteckzettel, die wir beschriften, geschmückt werden kann.

b) In parallelen Kleingruppen wird eine ähnliche Beratung durchgeführt: Womit kann ein symbolischer Wanderstock per Beschriftung geschmückt werden? Was kann alles stützen, Halt geben, Sicherheit vermitteln?

c) Im Plenum verliest man die Beschriftungen von Stock und Hut; es ist Raum zum Nachfragen und Reflektieren.
(Hatte manches, was stützt, später »ausgedient«? Was blieb an Beschützendem? Was wechselte?)

II. WEG-Symbolik in Wortfeldern und Redensarten

In kleinen regionalen Arbeitsgemeinschaften für Religionslehrer/-innen, wie auch bei größeren Seminarangeboten haben sich spielerische Einstimmungen bewährt, die sowohl die weite Verknüpfung des Wortfeldes »WEG« aufzeigen, ebenso aber auch die symbolische Tiefe so mancher Redensarten und Sprichwörter vom WEG hinweisen.

Etymologisch entstammen »Sinn« und »Weg« der gleichen Sprachwurzel, was zum Beispiel heute noch in dem Wort »Uhrzeigersinn« erhalten ist. Andererseits gehören Weg und Wagnis zusammen ...

Ziele
Bewusstmachen des reichen Wortfeldes WEG und der Mehrdimensionalität vieler Redewendungen vom WEG

1. Spiel zum Wortfeld »WEG«

In Gruppen zu zweit oder zu dritt werden, wie bei einem Brainstorming, alle Einfälle und Assoziationen notiert.

Anschließend wählt die Kleingruppe zwei oder drei der notierten Einfälle, die sich den anderen im anschließenden Plenum als Rätselpantomime vorspielen lassen. (In der Regel wird eine solche Pantomime zunächst ein wenig geübt.)

Hier ein Beispiel notierter Assoziationen:

2. Spiel zu Redewendungen und Sprichwörtern vom »WEG«

Auch hier empfiehlt sich, zu zweit oder zu dritt alle Einfälle und Assoziationen zu notieren.

Anschließend soll ebenfalls für das Plenum versucht werden, zwei bis drei der notierten Einfälle als Rätselpantomime darzustellen.

Hier ein Beispiel der notierten Einfälle, das sowohl zum Ergänzen oder zu eigenen Schreibspielen motivieren könnte:

Weg ohne Umkehr

mit guten Vorsätzen gepflastert

Der Weg zur Hölle ist

Sich auf den Weg machen ...

Der Weg ist das Ziel ...

Den Rückweg versperren ...

Wo ein Wille ist, ist auch ein Weg ...

Viele Wege führen nach Rom ...

Am Wege liegenbleiben

Vom Wege abkommen ...

Seinen Weg gehen ...

Der Weg ist mit Hindernissen gepflastert ...

Einen Ausweg suchen ...

Hilfe ist schon auf dem Weg ...

Ausgetretene Pfade verlassen ...   Neue Wege wagen ...

Zusatz-Impuls

Anschließend könnte es sich lohnen, einzelnen notierten Wendungen biblische Gestalten mit ihren Weg-Situationen zuzuordnen!

II. Phantasiereisen

1. Kleine imaginäre Bilder zur Entspannung

Wenn Sie das Gefühl haben, dass Sie sich gern erfrischen möchten, dass Sie neue Kraft brauchen, dass Sie eine Pause verdient haben, dann können Sie von den kurzen Szenen profitieren, die wir Ihnen gleich anbieten wollen.

Am besten ist es, wenn Sie sich zu Hause die Zeit nehmen, um sich damit vertraut zu machen. Setzen Sie sich bequem hin oder legen Sie sich, wenn Sie wollen, auf den Boden oder eine Couch. Lesen Sie den Text einer dieser Entspannungsszenen und legen Sie das Buch beiseite. Gönnen Sie sich ein paar tiefe Atemzüge, schließen Sie die Augen und gehen Sie dann in der Erinnerung noch einmal durch die imaginäre Szene. Lassen Sie sich dabei soviel Zeit, wie sie brauchen. Nach ein paar Minuten werden Sie bemerken, dass Sie sich erfrischt fühlen.

Eine andere Möglichkeit ist es, dass Sie den Text dieser kurzen Phantasien auf Band sprechen, um dann später bei Bedarf Ihre eigene Stimme zu hören. Wenn Ihnen die Szenen vertraut sind, können Sie sich später auch in der Schule damit entspannen. In der Regel reicht dann eine kurze Zeitspanne für eine wirksame Erfrischung.

Eine Bemerkung zuvor

Wer sich selbst etwas Gutes tun will, sich stärken und ermutigen möchte, bzw. »mit sich selbst redet«, der geht natürlich, statt die »Sie-Anrede« zu benutzen, zum vertrauten »DU« über. Darum verwenden wir auch in den Phantasie-Reisen für Erwachsene die »DU-Anrede«!

a) Der Teich

Stell dir vor, dass du am Rand eines stillen Teiches stehst. In den Händen hältst du einen großen Stein, den du hoch über deinen Kopf hebst. Sieh dem Steinbrocken zu, wenn du ihn in das Wasser wirfst. Beobachte, wie das Wasser aufspritzt und wie der Stein langsam auf den Grund des

Teiches sinkt und dort zur Ruhe kommt. Stell dir vor, wie sich das Wasser oben auf dem Teich wieder schließt und wie sich kreisförmige Wellen nach allen Seiten auf der Wasseroberfläche ausbreiten. Beobachte, wie diese Wellen immer kleiner werden, bis sie am Ende ganz zur Ruhe kommen, so dass das Wasser wieder ganz still ist, wie ein schöner Spiegel.

b) Die Wolke

Stell dir vor, dass in deinem Körper eine warme Wolke ist. Spüre, wie sie die ganze Mitte deines Körpers angenehm ausfüllt. Lass diese Wolke immer mehr Bereiche deines Körpers ausfüllen und ein wunderbares Gefühl von Wärme und Entspannung in dir wecken. Von deinem Zentrum aus breitet sich die Wolke nach allen Seiten aus und umgibt nach und nach jeden Teil deines Körpers. Sie gibt dir ein Empfinden von Kraft, Wärme, Entspannung und Frieden. Wenn du ganz und gar von dieser Wolke eingehüllt bist, kannst du spüren, wie dein Körper immer leichter wird. Ohne Anstrengung scheinst du zu schweben und nach und nach oben in den blauen Himmel aufzusteigen. Sicher in diese warme Wolke gebettet, kannst du in deiner Phantasie an einen schönen Platz gehen, wo du Ruhe und inneren Frieden findest.

c) Der Garten

Stell dir vor, dass du auf der Veranda eines schönen alten Hauses stehst. Du genießt die warme Sonne und eine sanfte Brise, die dein Gesicht berührt. Du bemerkst, dass von der Veranda eine Treppe mit zehn Stufen hinabführt in einen schönen, tiefer gelegenen Garten.
Geh diese Stufen langsam nach unten, immer eine nach der anderen. Und während du nach unten gehst, kannst du auf jeder Stufe ausatmen und spüren, wie du dich mehr und mehr entspannst. Das Empfinden zunehmender Ruhe umhüllt dich ganz, wenn du unten im Garten angekommen bist.
Jetzt siehst du, wie schön dieser Garten ist. Du siehst überall Blumen, einen alten Brunnen, wunderschöne Sträucher und alte Bäume. Vielleicht kannst du den Duft der Blumen riechen, den Gesang der Vögel hören und das Plätschern des Wassers, das von dem Brunnen in einen kleinen Teich fließt. Du spürst, wie die angenehme Wärme der Sonne in deinen Körper hineinsinkt.

2. Manchmal fühlen wir uns erschöpft

Verschiedene Umstände können dazu beitragen, dass wir uns leer fühlen. Vielleicht wünschen wir uns mehr Abwechslung in unserem beruflichen Leben; vielleicht bedrücken uns Spannungen im Kollegium; vielleicht haben wir Schwierigkeiten in unserem Privatleben. Wenn Sie sich ausgelaugt fühlen und wenig Lust haben, in den Unterricht zu gehen, dann kann Ihnen die folgende Phantasiereise helfen.

a) Ein besonderer Baum

Stell dir vor, dass du auf einem Spaziergang durch die Natur bist. Vielleicht ist es ein schöner Sommertag, und du gehst über eine große Wiese und bemerkst, wie ein sanfter Wind das Gras leise bewegt. Über dir wölbt sich ein wolkenloser, blauer Himmel.

Jetzt siehst du neben dir einen großen, starken Baum. Dieser Baum ist so interessant, dass du einmal um ihn herumgehst, um ihn bewundernd zu betrachten. Oben in dem Baum kannst du die Vögel singen hören. Der Gesang der Vögel, das Rauschen des Windes in den Blättern und die sanfte Brise, die auch deinen Körper berührt, sind wunderbar entspannend. Wenn du willst, kannst du stehenbleiben, um den Baum aufmerksam zu betrachten. Er ist so groß und stark und beeindruckend. Betrachte alle Details ganz sorgfältig. Bemerke, wie kräftige Wurzeln sich nach allen Seiten ausstrecken und dann im Boden verschwinden. Stell dir vor, wie die Wurzeln tief in den Boden hineinreichen, um den Baum sicher zu verankern. Betrachte den hohen Stamm mit seinen Narben und Verletzungen, die dir zeigen, wie sehr der Baum gegen Wind und Wetter kämpfen musste, um zu überleben und um den Stürmen des Lebens zu trotzen.

Sein Überlebenskampf hat den Baum stärker gemacht. Bemerke, wie weit die Äste des Baumes nach allen Seiten in den Himmel reichen. Stell dir vor, dass die Äste den Vögeln Schutz geben und den Menschen Schatten. Du weißt, dass die Blätter ihre Kraft von der Sonne erhalten. Stell dir vor, wie diese Kraft von den Blättern des Baumes zu den Wurzeln geht, die wiederum Nährstoffe aus dem Boden ziehen. Stell dir vor, wie alle Teile des Baumes zusammenwirken, um dem ganzen Baum Leben, Stärke und Gesundheit zu geben.

Und während du den Baum bewunderst, kannst du dir vorstellen, dass du auch wie dieser Baum bist, groß und stark, mit festen Wurzeln sicher im Boden verankert. Wie dieser Baum bist auch du stärker geworden, durch die Schwierigkeiten des Lebens. Wie die Äste des Baumes, so holst du dir auch Hilfe und Kraft; und auch du kannst anderen Schutz und Hilfe gewähren; und auch in dir wirken alle Teile deiner Existenz zusammen, um dich stärker und gesünder zu machen.

Aber du bist mehr als dieser Baum. Du kannst denken, du kannst dich bewegen, du kannst Entscheidungen treffen, du kannst lieben und geliebt werden, du kannst so viele Dinge tun, die der Baum nicht tun kann. Spüre deine Kraft, deine Stärke, deine Fähigkeiten. Du kannst dankbar dafür sein. Denke über alles nach, was du bist. Du kannst dich noch weiter entspannen, wenn du über alle deine Stärken und Fähigkeiten nachdenkst.

3. Unsere Ressourcen entdecken

Kinder beeindrucken uns oft durch ihre pure Lebenskraft, ihre Neugier, ihre beinahe unerschöpfliche Energie. Im Vergleich zu ihnen kommen wir uns manchmal erschöpft und kraftlos vor. Dabei verfügen wir über bedeutend mehr Ressourcen als die Kinder in unseren Klassen. Wir müssen uns allerdings die Zeit nehmen, diese Schätze in uns neu zu entdecken. Wenn Sie den Wunsch haben, mehr Optimismus und Tatkraft zu spüren, dann empfehlen wir Ihnen die folgende Phantasiereise. Sie führt Sie in die Welt des Orients mit seiner uralten Weisheit und Vitalität.

a) Die Pyramide

Stell dir vor, dass du im alten Ägypten bist und in der Wüste vor dem Eingang einer alten Pyramide stehst. Während du hineingehst, entdeckst du einen engen Gang, der sanft abwärts führt, gut beleuchtet durch Fackeln. Du fühlst dich sicher und zuversichtlich und auch neugierig genug, so dass du den Gang weiter entlanggehst, der dich tiefer und tiefer in das Herz der Pyramide führt.

Am Ende des Ganges kommst du in ein riesiges unterirdisches Gewölbe, in dem sich Schätze aller Art befinden. Es ist der Lagerraum deiner Ressourcen, deines Potentials für Erfolg und Wohlergehen, das du bisher noch nicht für dich genutzt hast. Du bist der rechtmäßige Eigentümer dieses Schatzes, aber er ist dir durch die Kraft der Umstände gestohlen worden. Wenn du diesen Schatz nicht zurück in die Welt trägst, um ihn dort zu genießen und ihn mit anderen zu teilen, dann wird er in diesem Raum verborgen bleiben und für immer verloren sein.

Natürlich möchtest du diesen Schatz besitzen, denn er gehört dir ja. Trotzdem merkst du, dass du es nicht kannst. Irgendeine Kraft hindert dich daran. Du schaust dich um, und da erblickst du sie; eine riesige schwarze Statue, die mitten im Raum steht. Mitten in ihre Stirn eingelassen ist ein riesiger leuchtender Edelstein. Er gibt ihr die Macht, er ist die Verkörperung all der negativen Kräfte deiner Misserfolge und Niederlagen. Dieses schwarze Standbild war bisher der Wächter des Schatzes, streng und wirksam. Diese Macht hat dich bisher abgehalten, deine Schätze zu benutzen.

Wenn du diesen großen Schatz deines Potentials befreien willst, damit du der Mensch wirst, der du sein könntest, dann musst du zuerst die Macht von Misserfolg und Niederlage in dir überwinden. Geh zu der Statue und schlage ihr den Edelstein aus der Stirn. Sobald er am Boden liegt, hört sein Leuchten auf, und er sieht schwarz und unscheinbar aus, wie ein Stück Kohle. Du kannst mit dem Fuß daraufreten, und er zerfällt zu schwarzem Staub. Jetzt hat der Wächter keine Macht mehr, und du kannst der Statue einen Stoß geben, so dass sie umfällt und in tausend Stücke zerspringt.

Jetzt bist du frei, um dir von all den Schätzen etwas auszusuchen, was du mitnehmen willst, wenn du wieder zu dem Eingang zurückkehrst. Du musst nicht den ganzen Schatz mitnehmen, denn du kannst in diese Schatzkammer zurückkehren, wann immer du willst. Und wieviel du auch mitnimmst und wie oft du auch zurückkehrst, diese Schatzkammer wird nie leer sein. Gehe hinaus in die warme Sonne und kehre in dein Alltagsleben zurück mit den Schätzen, die du eingesammelt hast. Diese Schätze werden ihre Kraft zeigen in neuen Ideen, in neuen Gewohnheiten, in neuem Sinn.

Und immer, wenn du das Gefühl hast, dass du zuwenig Zutrauen in deine Fähigkeiten hast, dann denke an die Pyramide und an die Schätze, die sie enthält. Während du das tust, wirst du Sicherheit, Stärke und Kraft in dir spüren. Du wirst fühlen, dass du all das erreichen kannst, woran du vorher gezweifelt hast.

4. Entschieden handeln

Die Arbeit in der Schule verlangt von uns, dass wir uns auf die Kinder einstellen, sie verstehen, ihnen helfen, Hindernisse aus dem Weg zu räumen, die ihr Lernen und ihre Entwicklung behindern. Wir können diese altruistische Haltung allerdings nur dann durchhalten, wenn wir gleichzeitig dafür sorgen, dass wir selbst handlungsfähig bleiben. Wir müssen die Kraft unseres Willens spüren, unsere Entscheidungsfähigkeit, unsere Selbstbestimmung.

Wenn Sie das Gefühl haben, nicht mehr genau zu wissen, wie Sie Ihren Rhythmus von Kontakt und Rückzug regulieren können, wie Sie Ihre eigenen Interessen mit den Ansprüchen anderer verbinden können, dann kann Ihnen die folgende Phantasiereise helfen. Sie gibt Ihnen die Möglichkeit, die Kraft Ihres Willens neu zu beleben.

a) Der Schneeball

Stell dir vor, dass du ganz oben auf einem schneebedeckten Berg stehst und in ein darunterliegendes Tal blickst. Unten in diesem Tal liegt dein Ziel, das du gerne erreichen möchtest. Deine Reise hat dich bis auf diese Bergspitze gebracht, aber von hier aus ist dein Weg blockiert, weil es an den Hängen des Berges viele Hindernisse und Barrieren gibt.

Beuge dich nieder und nimm eine Handvoll Schnee auf. Untersuche den Schnee. Du wirst bemerken, dass er weich und pulverig ist, so ähnlich wie deine Entschlusskraft, der manchmal Festigkeit und Stärke fehlte.

Nimm noch mehr Schnee auf und presse ihn mit den Händen fest zusammen zu einem runden, harten Schneeball. Während du das tust, spüre, wie deine eigene Entschlossenheit und Willenskraft ebenfalls stärker und fester werden. Genauso hart und fest wie der Schneeball, den du für eine Reise ins Tal vorbereitest. Geh an eine Stelle, wo der Berg steil abfällt, und rolle den Schneeball langsam über den Schneehang geradewegs auf die Hindernisse zu, die dort unten sind. Ganz langsam rollt der Schneeball den Berg hinab und wird dabei immer größer, bis er die Größe eines Felsbrockens hat. Dann verwandelt er sich in eine Lawine, die alles wegreißt, während sie schneller und schneller ins Tal stürzt.

Jetzt ist der Weg frei. Wenn alle Hindernisse weggerissen sind, kannst du den Abstieg an der Bergseite beginnen, wo deine Entschlossenheit und

Festigkeit vorher den Weg gebahnt haben. Während du dir vorstellst, wie du zielstrebig den Berg hinabsteigst, kannst du in deinem Inneren wissen, dass auch deine Entschlossenheit weiter zunimmt wie jener Schneeball, bis sie so stark ist, dass sie jedes Hindernis auf ihrem Weg beiseite räumen kann. Dann wirst du in der Lage sein, die Ziele zu erreichen, die du dir in deinem Leben gesetzt hast, genauso leicht, wie du jetzt den Berg hinabgehst.

5. Selbsterkenntnis

Es gibt viele Dinge, die die Arbeit des Lehrers erschweren: unruhige Kinder, starre Lehrpläne, ungünstige Arbeitsrhythmen usw. Am stärksten wirken sich jedoch unsere eigenen Unzulänglichkeiten aus. Wenn unsere eigene Neugier ermattet ist, dürfen wir nicht erwarten, dass die Schüler wissbegierig sind. Wenn wir selbst nicht auf der Suche nach neuem Wissen sind, dürfen wir nicht erwarten, dass die Kinder sich für unsere Themen interessieren. Wenn wir unseren eigenen Gefühlen, Ängsten und Hoffnungen wenig Aufmerksamkeit schenken, dann dürfen wir nicht erwarten, dass unsere Schüler innere Kompetenz und Reife entwickeln. Wir können es nicht vermeiden, dass die Kinder in uns ein Vorbild sehen, das sie entweder anzieht oder abschreckt. Und je lebendiger wir selbst sind, je offener wir sind für unsere eigene persönliche Entwicklung, desto mehr Mut können wir den Kindern machen, ebenfalls von Zeit zu Zeit nach innen zu schauen und nicht nur ihre Impulse auszuagieren.

Wenn Sie den Wunsch haben, Ihr eigenes inneres Leben besser zu verstehen, dann kann Ihnen die folgende Phantasiereise gute Dienste dabei leisten. Wenn Sie sie in geeigneten Abständen wiederholen, werden Sie merken, dass Sie immer wieder neue und interessante Antworten erhalten.

a) Der Zaubergarten

Stell dir vor, dass du einen schönen Waldweg entlanggehst. Die Sonne scheint, die Vögel singen, die Luft ist warm und duftet nach Harz und Moos. Plötzlich bist du an einem Hügel mit frisch aufgeworfener Erde, an dessen einer Seite eine kleine halboffene hölzerne Tür ist. Du wirst neugierig und gehst näher an die Tür heran. Nachdem du sie aufgezogen hast, kannst du einen schmalen Tunnel sehen, der nach unten führt, und ganz am Ende siehst du ein wenig Licht, das vom anderen Ende des Tunnels hereinfällt.

Du betrittst den Tunnel und folgst ihm. Tiefer und tiefer führt er dich in die Erde hinein. Während du weitergehst, wird das Licht am Ende des Tunnels immer heller. Plötzlich trittst du aus dem Tunnel heraus und bist zu deiner Überraschung in einem Garten, der von einem komplizierten System von Lichtkuppeln erhellt wird. Hinter dir hörst du ein helles Lachen. Als du dich umwendest, siehst du einen Zwerg. Der Zwerg spricht zu dir: »Ich bin Tibor. Ich bin der Besitzer des Gartens.« Der Zwerg lädt dich ein, im Garten umherzugehen und dir alles anzusehen.

Das erste, was du bemerkst, ist ein kleiner Teich. Während du hineinschaust, siehst du dein Selbstbild, so wie du gerne sein möchtest. Dieses ideale Bild von dir fängt an zu sprechen und teilt dir etwas über dich mit, was du vorher nicht wusstest. Vielleicht hörst du die Stimme deines idealen Bildes, vielleicht teilt sich dein Bild auch auf eine andere Weise mit.

Nachdem du die Botschaft aufgenommen hast, gehst du einen kleinen Pfad weiter, der sich durch den Garten schlängelt. Du kommst zu einem kleinen Kind, das seilspringt. Das Kind lächelt dir zur Begrüßung zu, und du beugst dich zu ihm herunter. Jetzt kann das Kind dir etwas ins Ohr flüstern, dir etwas mitteilen, was du tatsächlich vergessen hattest. Es ist etwas, was mit deinen eigenen frühen Jahren zu tun hat, an das du dich erinnern musst, um dein gegenwärtiges Leben vollkommener genießen zu können.

Du gehst den Weg weiter und kommst an eine winzige Wiese, über der drei Schmetterlinge vergnügt in der Luft tanzen. Sie summen ein Lied, in dem es um Glück geht und um das Geheimnis, glücklich zu sein. Du bleibst stehen und hörst ihrem Lied zu, ehe du deinen Weg fortsetzt. Nun hast du beinahe das Ende des Pfades erreicht, als du einen alten Mann siehst, der mit gekreuzten Beinen am Wegrand sitzt. Zuerst scheint es dir, dass er tief in einer Meditation versunken ist, aber als du dicht herangekommen bist, öffnet er die Augen, als hätte er dich erwartet. Langsam und wohlüberlegt beginnt er zu sprechen und gibt dir ein paar wichtige Hinweise zu einem Thema, das dich seit einiger Zeit beschäftigt.

Du denkst über diesen Hinweis nach, während du zu deinem Ausgangspunkt zurückkehrst. Tibor erwartet dich schon, und sagt dir, dass du von deinem Besuch hier wichtige Einsichten mitnehmen wirst. Er sagt Lebe-

wohl und lädt dich ein, so oft du willst in diesen Zaubergarten zurück-
zukehren. Du sagst Tibor Adieu und gehst durch den Tunnel zurück, bis
du wieder ins Freie kommst mit all den Anregungen und Einsichten, die
du dort unten erhalten hast.

C. Erster Praxisteil:

Geschichten und unterrichtliche Impulse zur
Einstimmung und Grundsensibilisierung
in die Weg-Thematik

Vorbemerkungen zum Praxisteil
mit Unterrichtsimpulsen

Dem eigentlichen religionspädagogischen Praxisteil ist ein Kapitel vor-geschaltet, das nach einer Handpuppen-Szene zum Hänschen-Klein-Lied erste Weg-Geschichten, erschlossen durch vielfältige Phantasie- und Gestaltungsübungen, beinhaltet.

Absichtlich sind hier noch keine religionspädagogischen Zielfelder ge-nannt, denn die Leserinnen und Leser sollen inhaltlich gleichsam in eine weitausholende Spiralbewegung hineingenommen werden, die dann langsam in die Erschließung von Weg-Geschichten biblischer Gestalt mündet.

Diese ersten Geschichten und Impulse dienen einer Grundsensibilisie-rung für die Weg-Thematik: »Leben heißt aufbrechen und Unterwegs-Sein«, für Wagnis und Gefahren, für Ermutigungen und glückliche Aus-gänge. Ein Vorverständnis für später zu entfaltende Weg-Symbolik wird angeregt.

Im religionspädagogischen Praxisteil und seinen Impulsen wird mit dem Handlungsinstrumentarium heutiger symbol- und gestalt-orientier-ter Unterrichtsweise gearbeitet, beide Ansätze werden nach knapper Erläuterung, vielfältig in Phantasieübungen, veranschaulicht.

Vor allem die Gestaltarbeit zum Sich-Hineinspüren in Abraham und Joseph, deren Weg-Entscheidungen und Weg-Erfahrungen, nimmt einen breiteren Raum ein.

Schließlich werden aber auch eine weitere Traum-Geschichte, entlehnt einem symbolischen Trickfilm zur Weg-Thematik, und eine Erzählung vom letzten Weg des Menschen kreativ gestaltet.

Ziel der Phantasie- und Gestaltarbeit ist immer, die gewonnenen Ein-drücke so zu vertiefen, dass die Kinder innere Bilder gewinnen. Neben den vielen zerstörerischen Bildeindrücken, die als großes Angst- und Unruhe-Potential in die seelische Bildwelt der Kinder eingehen, sollen ermutigende, vielleicht sogar heilende Bilder vertieft werden, die Si-cherheit, Geborgenheit und Ruhe schenken.

Schon immer haben die Älteren den Heranwachsenden Geschichten zum Welt-Entdecken und Welt-Deuten erzählt. Kinder erhielten damit geistiges Rüstzeug, Ermutigung und Ich-Stärke. Vorfreude und Neugier wurden geweckt, weil der Tag zum Suchen des eigenen Weges kommt.

Heute ist das Erzählen allein nicht mehr ausreichend, zuviel mediale Überflutung steht dem konzentrierten Zuhören und Aufnehmen entgegen. Darum sind Grundsensibilisierungen und Wiederentdecken der eigenen Phantasie, die man früher »scientia intuitiva« nannte, wieder wichtig. Diesen Weg gehen die nachfolgenden Spiele und Übungen.

Obwohl für den Unterricht hier natürlich *keinerlei* verpflichtende Schrittfolge in unseren Übungen und Spielen angestrebt wird – es gilt je nach Situation auszuwählen –, so wird doch auffallen, wie die Geschichten vielfältig umkreist und gleichsam wie »kostbare Steine« von allen Seiten betrachtet werden.

Eindrücke sollen vertieft werden und Lernprozesse Spuren hinterlassen. Gestalt-Theoretiker sprechen davon, dass eine Gestalt – auch die einer lebendigen Unterrichtserfahrung – sich runden und schließen will.

Wenn uns dies ab und an gelingt, vermitteln wir neben vielen bruchstückhaften, torso-ähnlichen Eindrücken (etwa durch die Medienwelt) endlich auch einige ganzheitliche Erfahrungen.

I. Handpuppenszene »Hänschen-Klein«

Ziele

Indem die Kinder sich mit der Figur des Hänschens, der in die Welt zieht und nach sieben Jahren heimkommt, identifizieren, wird ihr eigenes Urvertrauen gestärkt.

Es bahnt sich auch nach und nach ein Vertraut-Werden mit den Symbolen »HUT« (Behütet-Sein), »STOCK« (Stütz- und Halt-Haben) sowie »WEG« (Lebensweg) an.

Altersempfehlung: ab 6 Jahre

Benötigte Materialien

Handpuppe, Originalstrophen »Hänschen-Klein« (zunächst noch verdeckt hinter einer Klapptafel)

1. Spielszene (als abwandelbarer, offener Spielvorschlag)

Hans (Handpuppe): Heissassa, trallalla!

Euer Hans ist wieder da!

Hallo, Kinder, ja, ich bin der Hans, man kennt mich doch von meinem weltberühmten Lied? Ja, ich ging allein in die weite Welt hinein.

Jetzt bin ich deutlich älter geworden, statt Hänschen eben ein Hans!

Aber da ihr alle das Lied, was von mir erzählt, gut kennt, schlage ich vor: Ihr singt es mir mal vor, einverstanden?

Kinder: Jaaaaaa!

Hans: Prima, ich zähle, dann geht es los: eins, zwei, drei ...

Kinder singen die weitverbreitete erste Strophe in der abgewandelten Form:

»Hänschen-Klein ging allein
in die weite Welt hinein,
Stock und Hut steht ihm gut,
Hans ist wohlgemut.
Aber Mutter weint so sehr,
hat ja nun kein Hänschen mehr.
Da besinnt sich das Kind,
läuft nach Haus geschwind.«

Hans:　Bravo, bravo! Laut genug habt ihr gesungen, aber leider halbfalsch!

Wisst ihr, ich bin wohl so berühmt, dass es beinahe zwei Lieder von mir gibt: Ein halbfalsches Hänschen-Klein-Lied und ein ganz richtiges Hänschen-Klein-Lied.

Ihr habt das Halb-Falsche gesungen, ja, ja!

Der Anfang war ganz richtig, aber es stimmt nicht, dass ich gleich wieder zurückgekommen sein soll. Die erste Strophe geht im ganz richtigen Hänschen-Klein-Lied anders zu Ende.

Ja, jetzt seid ihr neugierig geworden? Soll ich die erste Strophe euch mal mit richtigem Schluss vorsingen?

Kinder:　Ja, sing vor!

Hans (singt):　»Hänschen-Klein ging allein
in die weite Welt hinein,
Stock und Hut steht ihm gut,
Hans ist wohlgemut.
Aber Mutter weint so sehr,
hat ja nun kein Hänschen mehr.
»Wünsch dir Glück«, sagt ihr Blick,
»kehre bald zurück!«

Hans (spricht):　Habt ihr gut zugehört? Gut, dann sagt mir mal, was die Mutter am Schluss wünscht?

Kinder:　... dass du bald zurückkommst!
... dass du unterwegs Glück hast!

Hans:　Stimmt genau. Aber im richtigen »Hänschen-Klein-Lied« hört ihr gleich, dass ich ziemlich lange auf Wanderschaft geblieben bin, solange bis ich nicht mehr ein »Hänschen-Klein« war, sondern

	schon ein großer Hans. Immer noch Mutters Sohn, das bleibt man ja sein Leben lang, aber ich hatte mich beim Größer-Werden verändert. Soll ich das auch mal vorsingen für euch?
Kinder:	Jaaaa, sing vor!
Hans (singt):	»Sieben Jahr', trüb und klar Hänschen in der Fremde war, da besinnt sich das Kind, läuft nach Haus geschwind. Doch nun ist's kein Hänschen mehr, nein, ein großer Hans ist er, braungebrannt Stirn und Hand, wird er wohl erkannt?«
Hans (spricht):	Na, wie lange war ich fort?
Kinder:	Sieben Jahre lang!
Hans:	Wenn ich jetzt weitersinge, dann passt auf, wer mich erkennt, außer meiner Mutter warteten zuhause auch noch drei Geschwister ...
Hans (singt):	»Eins, zwei, drei gehn vorbei, wissen nicht, wer das wohl sei? Schwester spricht: »Welch Gesicht?« kennt den Bruder nicht. Doch da kommt sein Mütterlein, schaut ihm nur in's Aug' hinein, sagt sie schon: »Hans, mein Sohn, grüß dich Gott, mein Sohn!«
Kinder:	Die Mutter hat dich gleich erkannt.
Hans:	Meine Geschwister hatten wohl nur noch »Hänschen-Klein« in Erinnerung, bloß meine Mutter, die hat mich an den Augen erkannt, das war eine Freude!
Hans:	Was meint ihr, warum meine Geschwister mich nicht erkannt haben?
Kinder:	... weil du so groß geworden bist! ... weil du so braun gebrannt bist!
Hans:	Das stimmt, aber meine Mutter hat gleich meine Augen wieder erkannt! Na, und dann musste ich erzählen. Und die Geschwister haben mich gefragt: »Hans, hast du denn keine Angst gehabt, als du in die weite Welt gezogen bist?«

Ein wenig Angst hatte ich schon, aber ich war auch neugierig, viel Neues zu erleben. Und ich bin doch nicht so einfach in Hemd und Hose, wie ihr vielleicht zum Spielen nach draußen geht, losgezogen. Nein, ich war gut ausgerüstet: Mit Stock und Hut! Wisst ihr, wozu das nützlich sein kann?

Kinder: (Sie erzählen, wozu ein Stock nützen, und ein Hut unterwegs sehr wichtig sein kann ...)

Hans: Aber nun bin ich ja erst einmal wieder zurück, und es wäre prima, wenn ihr mit mir zusammen noch einmal das richtige Hänschen-Klein-Lied zum Schluss singt, habt ihr Lust dazu?

Kinder und Hans singen nochmals alle drei Originalstrophen (dazu wird der an der Tafel vorbereitete Text jetzt aufgeklappt). Bei Kindern der ersten zwei Schuljahre werden die Strophenteile vorgesprochen.

2. Weiterführende Impulse:

a) Das Lied könnte sowohl mit der Abschieds- wie auch mit der Wiedersehens-Szene aus Papiersohlen als großes Spuren-Bild gemeinsam auf den Fußboden gelegt werden[8].

b) Als Annäherung an die symbolische Tiefenbedeutung von »STOCK und HUT« schmücken und beschriften wir einen großen Hut und einen großen Stock mit guten Wünschen: Was kann alles schützen und behüten? Was kann alles Sicherheit, Halt und Stütze geben? Vielleicht werden liebe Menschen genannt mit ihren Gedanken, Wünschen, Versprechen, oder auch Lieder, Gebetsverse u. ä.)

3. Weitere Spielvorschläge

a) Anwärmspiel: Hänschen unterwegs

Ziele

Das Bewegungsspiel stimmt die Phantasie der Kinder auf mögliche abenteuerliche Begegnungen des jungen Helden ein. Die Kinder können wach und aufmerksam sein. Außerdem können sie sich kreativ ausdrücken.
Altersempfehlung: ab 7 Jahre

Anleitung

Ich möchte, dass ihr euch vorstellt, wie es Hänschen auf seiner Reise gegangen ist. Steht bitte auf und beginnt, im Raum herumzugehen. Ich werde euch von verschiedenen kleinen Abenteuern erzählen, die Hänschen bestehen muss. Stellt euch nun vor, dass ihr Hänschen seid ...

Du gehst durch einen Wald, und plötzlich ist der Weg verschwunden. Du musst über Steine und umgestürzte Baumstämme klettern, und vielleicht hast du auch Angst, dass irgendein wildes Tier auftaucht. Zeig mir bitte, wie du jetzt durch den Wald gehst ...

Nun kommst du wieder auf einen schmalen Weg, wo du bequemer gehen kannst. Du summst ein Lied. Lass mich hören, wie das klingt ...

Jetzt kommst du in einen schönen Garten mitten im Wald. Du findest einen Busch mit vielen duftenden Blüten. Zeig mir, wie du an den Blüten schnupperst, die so süß duften ...

Mitten im Garten steht ein alter Brunnen, aus dem klares, kühles Wasser in einen kleinen Teich fließt. Du möchtest dich erfrischen und trinkst von dem Wasser und kühlst dein heißes Gesicht damit.

Nun drehst du dich um und siehst im Garten einen alten steinernen Turm. Du gehst um den Turm herum, um herauszufinden, ob es irgendeine Tür gibt. Zeig mir, wie du das machst ...

Jetzt findest du die Tür und drückst sie nach innen auf. Das geht ganz schwer, weil die Tür lange nicht bewegt wurde. Zeig mir, wie du die Tür aufdrückst ...

Innen gibt es eine steinerne Treppe, die in Kurven nach oben führt. Zeig mir, wie du eine Stufe nach der anderen nach oben steigst ...

Oben angekommen, blickst du nach allen Himmelsrichtungen, um herauszufinden, wo der Wald aufhört. Zeig mir, wie du Ausschau hältst ...

Jetzt siehst du etwas, was dich sehr freut. An der einen Seite ist der Wald ganz schmal, und dahinter fließt ein kleiner Fluss, auf dem Boote fahren. Oh, denkst du, da will ich hin, mit so einem Boot will ich fahren. Zeig mir Hänschens Freude bei dieser Entdeckung ...

Nun läufst du ganz schnell die Treppe runter, weil du auf dem kürzesten Weg zu dem Fluss willst. Zeig mir, wie du die Treppe hinabläufst ...

Unten entdeckst du etwas, was du vorher nicht gesehen hast: eine alte Kiste. Zeig mir, wie du die Kiste öffnest und überlege dir, was du darin finden kannst ...

Wenn ihr wisst, was Hänschen dort findet, dann bleibt ruhig stehen und hebt eure Hand. Ich bin neugierig, was Hänschen dort in der Kiste für eine Überraschung entdeckt hat ...
(Lassen Sie die Kinder anschließend berichten.)

b) Dialogspiel: Abschied und Ankunft

Ziele
Die Mutter in dem Lied wird positiv gezeichnet. Das Kind hat offenbar alles von der Mutter bekommen, was es brauchte. Diese positiven Kindheitserfahrungen haben Hänschen so gestärkt, dass es nun beginnen kann, die Mutter loszulassen und auf eigene Faust in die Welt zu ziehen. Interessant ist sicherlich die Abschiedsszene, in der Mutter und Kind miteinander sprechen. Diese Situation ist den Kindern vertraut und kann im Rollenspiel ausgearbeitet werden.
Altersempfehlung: ab 7 Jahre

Anleitung
Kommt immer zu zweit zusammen. Einer von euch soll die Mutter sein, einer das Kind, Hänschen. Stellt euch vor, dass dies der Augenblick des Abschieds ist, ehe Hänschen auf die Wanderschaft geht. Was werden die beiden miteinander sprechen? (2–3 Minuten)
Nun tauscht die Rollen. Wer vorher die Mutter war, wird jetzt das Kind, und Hänschen spielt die Rolle der Mutter. Stellt euch vor, dass viel Zeit vergangen ist und dass Hänschen zurückgekommen ist. Geht gleich aufeinander zu und überlegt euch, was die beiden tun und sagen, wenn das Kind von seiner Reise zurückkommt.

c) Kreatives Schreiben: Ein Tag mit der Mutter

Ziele
Die Abenteuer des Lebens werden leichter bestanden, wenn die Beziehungen zu den Eltern gut sind. Hier hat jedes Kind Gelegenheit, etwas von seinen eigenen Erfahrungen einzubringen, um die Beziehung von Mutter und Sohn zu skizzieren.
Altersempfehlung: ab 8 Jahre

Anleitung

Ehe Hänschen so groß war, dass er in die Welt hineingehen konnte, hat er die ersten Jahre seines Lebens mit seiner Mutter und vermutlich auch mit seinem Vater verbracht. Ich möchte, dass ihr einen besonders schönen Tag aus dem Leben von Hänschen beschreibt, wo Hänschen sehr glücklich war, dass er mit seiner Mutter zusammensein durfte. Schreibt auf, was die beiden an diesem Tag zusammen gemacht haben.

d) Kooperatives Erzählen: Der goldene Faden

Ziele

Wir benutzen das Märchenmotiv des goldenen Fadens für eine Phantasiegeschichte. Die Kinder können sich mit Hänschen identifizieren und sich überlegen, welche Abenteuer sie selbst gern erleben würden.

Sie benötigen ein Knäuel gelbe Wolle. Legen Sie damit einen »goldenen« Faden in einem interessanten Muster auf den Boden und halten Sie für jedes Kind einen kleinen Kieselstein, Bauklotz oder etwas ähnliches bereit.

Altersempfehlung: ab 9 Jahre

Anleitung

Stellt euch vor, dass ihr selbst auf eine Abenteuerreise gehen könntet, wie Hänschen aus dem Lied. Was würdet ihr dann gern erleben? Nehmt euch jeder einen Kieselstein ... Der Faden auf dem Boden ist der Abenteuerweg, den Hänschen geht. Einer von euch kann anfangen und seinen Stein irgendwo auf den Faden legen und uns dann erzählen, was er selbst gern auf einer solchen Abenteuerreise erleben möchte. Vielleicht möchte jemand auf einen hohen Berg steigen, vielleicht möchte ein anderes Kind auf einem Segelboot über das Meer fahren usw. Anschließend kann ein anderes Kind seinen Stein auf den Abenteuerweg legen und uns erzählen, was sein schönstes Abenteuer sein könnte ...

e) Kreatives Schreiben: Brief an Mutter oder Vater

Ziele

Hier haben die Kinder noch einmal Gelegenheit, mit Nähe und Distanz zur Mutter spielerisch umzugehen. Das ist für Kinder in den ersten

Schuljahren ein wichtiges Thema, das für Jungen und Mädchen anders gestaltet werden muss. Für die Jungen wird es zunehmend wichtiger, dass sie eine gute Beziehung zum Vater entwickeln, der in der Regel in den ersten Lebensjahren eine geringere Rolle spielt. Darum überlassen wir den Kindern ganz bewusst die Entscheidung, ob sie den Brief an Mutter oder Vater richten wollen.

Altersempfehlung: ab 9 Jahre

Anleitung

Stellt euch vor, dass Hänschen (oder Gretchen) irgendwann auf seiner (ihrer) Reise an zu Hause denkt und Lust bekommt, einen Brief dorthin zu schreiben. Überlegt euch, ob Hänschen oder Gretchen den Brief an die Mutter oder den Vater schreibt. Was kann Hänschen oder Gretchen von seiner Reise berichten? Wann will er oder sie zurückkehren, will er/sie etwas mit zurückbringen? Wünscht er/sie sich etwas zu seiner/ihrer Rückkehr?

II. Märchen:
Die Straße, die nirgends hinführte

Ziele

Im Identifizieren mit der Hauptfigur stärken sich Neugier und Entdeckerdrang, unbefriedigenden Erwachsenen-Antworten auf den Grund zu gehen.

Das im Kind grundgelegte Urvertrauen wird gestärkt, und die Kinder werden ermutigt, selbst neue, ungewohnte Wege zu wagen bzw. nicht gleich bei Schwierigkeiten aufzugeben.

Altersempfehlung: ab 7 Jahre

Biblische Assoziationen

Psalm 143,8 (»Tue mir kund den Weg, den ich gehen soll«), 1. Mose 12,1 (»Gehe aus deinem Vaterland und deiner Freundschaft ...«) und Mt 7,14 (»Der Weg ist schmal, der zum Leben führt«)

1. Erzähl- oder Vorlesetext

Die Straße, die nirgends hinführte

Wo das Dorf zu Ende ging, teilte sich die Hauptstraße in drei Straßen, eine zum Meer, die zweite zur Stadt und die dritte nirgendwohin. Martino wusste das gut, denn er hatte schon jedermann darüber ausgefragt und von allen die gleiche Antwort bekommen.

»Die Straße da? Die führt nirgends hin. Auf der braucht man gar nicht zu gehen.«

»Und wo kommt sie denn her?«

»Die kommt von nirgends her.«

»Aber warum hat man sie denn dann gebaut?«

»Niemand hat sie gebaut. Sie war schon immer da.«

»Aber ist ihr denn nie jemand nachgegangen, um zu sehen, wohin sie führt?«

»Ei, du hast aber einen Dickkopf! Wenn man dir doch sagt, dass da nichts zu sehen ist ...«

»Das kann man doch nicht wissen, wenn noch niemand bis dahin gegangen ist, wo sie aufhört.«

Und er war so hartnäckig, wenn es sich um die Straße handelte, dass die Leute anfingen, ihn Martino Dickkopf zu nennen. Aber er machte sich gar nichts daraus und dachte eben heimlich an die Straße, die nirgendwohin führte.

Als er groß genug war, um allein über die Straße gehen zu können, ohne dass sein Großvater ihn bei der Hand führte, stand er eines Morgens früh auf, wanderte zum Dorf hinaus und ohne Zögern auf der geheimnisvollen Straße immer weiter und weiter.

Der Boden war voller Löcher und Unkraut, aber da es zum Glück lange nicht geregnet hatte, gab es keine Pfützen. Rechts und links wuchs eine Hecke, doch bald begann dichter Wald. Die Äste der hohen Bäume waren so ineinander verflochten, dass sie einen kühlen, dunklen Gang bildeten, nur hie und da leuchtete ein Sonnenstrahl wie eine Lampe auf. Martino ging und ging, aber der dunkle Gang nahm kein Ende, die Straße nahm kein Ende ... Martino taten die Füße weh, und er fing schon an darüber nachzudenken, ob er nicht besser umkehren sollte, als er plötzlich einen Hund entdeckte.

»Wo ein Hund ist, da ist auch ein Haus«, überlegte er, »oder wenigstens ein Mensch.«

Der Hund lief schweifwedelnd auf ihn zu und leckte ihm die Hände. Dann trabte er vor ihm her, die Straße entlang, und drehte sich immer wieder um, als wollte er sehen, ob ihm Martino noch folge.

»Ich komme schon, ich komme«, sagte Martino, der neugierig geworden war. Endlich begann sich der Wald zu lichten, der Himmel kam wieder zum Vorschein, und die Straße endete vor einem großen, eisernen Tor.

Durch die Gitterstäbe des Tores sah Martino ein Schloss, in dem alle Türen und Fenster weit offen standen, aus allen Schornsteinen stieg Rauch auf, und von einem Balkon winkte ihm eine wunderschöne Frau und rief ihm fröhlich zu: »Nur vorwärts, Martino Dickkopf!« »Oh«, freute sich Martino, »ich habe nicht gewusst, dass ich hierher gelangen würde, aber sie hat es gewusst.«

Er machte das Tor auf, lief quer durch den Park und betrat den Saal des Schlosses gerade in dem Augenblick, in dem die schöne Frau die Treppe herunterstieg. Er verbeugte sich vor ihr. Sie war wirklich wunderschön und trug prächtigere Kleider als alle Feen und Prinzessinnen der *ganzen Welt. Dabei war sie guter Dinge und lachte: »Also, du hast nicht daran geglaubt?«*

»An was?«

»An die Geschichte von der Straße, die nirgendwohin führt.«

»Das war mir zu dumm. Und meiner Meinung nach führt jede Straße zu einem Ort.«

»Sicher. Man muss nur Lust haben und sich in Bewegung setzen, dann findet man ihn. Aber nun komm, ich will dir das Schloss zeigen.«

Da gab es mehr als hundert Zimmer, und in jedem waren die kostbarsten Schätze, wie in den Schlössern im Märchenbuch, wo das schöne Dornröschen schlief, oder wo die Menschenfresser ihre Reichtümer anhäuften. Diamanten waren da, Gold, Silber und Edelsteine, und immer wieder sagte die schöne Frau zu Martino: »Nimm, nimm was dir gefällt. Ich leihe dir einen Wagen, damit du alles wegfahren kannst.«

Könnt ihr euch vorstellen, dass sich Martino lange hätte bitten lassen? Der Wagen war voll bis oben hin, als er an die Rückkehr dachte. Auf dem Kutschbock saß der Hund und führte die Zügel; es war nämlich ein abgerichteter Hund, der die Pferde anbellte, wenn sie einnickten oder gar vom Weg abkamen.

Im Dörfchen wurde er mit großer Verwunderung empfangen. Der Hund lud Martinos Schätze auf dem Dorfplatz ab, wedelte zum Abschied mit dem Schwanz, stieg wieder auf den Bock und verschwand in einer dichten Staubwolke. Martino beschenkte alle reichlich, Freunde und Feinde, und musste wohl hundertmal von seinem Abenteuer erzählen, und stets rannte schnell jemand weg, wenn Martino seinen Bericht beendet hatte, um zu Hause schnurstracks Wagen und Pferde zu holen und sich nach der geheimnisvollen Straße aufzumachen, die nirgendwohin führte.

Doch einer nach dem anderen kehrte verärgert, mit langem Gesicht, noch am gleichen Abend zurück. Für sie hatte die Straße mitten im tiefen Wald aufgehört, vor einer undurchdringlichen Mauer aus Bäumen, in einem wahren Dornenmeer.

Weder das eiserne Tor war zum Vorschein gekommen, noch das Schloss, noch die schöne Frau, weil manche Schätze nur demjenigen in den Schoß fallen, der als erster einen neuen Weg einschlägt. Und der erste war eben Martino Dickkopf gewesen.

Gianni Rodari[9]

2. Fußspuren-Stempelspiel

Ziele
Siehe Seite 48
Altersempfehlung: ab 7 Jahre

Benötigte Materialien
Alte Tapetenrollen, auf deren Rückseite die Spurengeschichte gestaltet werden soll. Neben Fingerfarben sind einige alte Kartoffeln nötig. Von jeder halben Kartoffel lassen sich zum Stempeln einfache Fußformen (erhaben) herausformen.

Während Martinos Fußspuren vielleicht farbig herausgehoben werden, lassen sich Tierspuren mit Fingerfarbe tupfen, ebenso Formen des zuweilen sehr engen Weges zwischen dornigen Büschen ...

Anleitung

a) Nach dem Erzählen oder Vorlesen des Märchens stellen wir uns – am besten bei geschlossenen Augen – vor, wieviele Spuren unsere Geschichte im vermutlich weichen Waldboden gemacht haben mag:

»Ich sehe im weichen Boden die Fußspuren von Martino, aber auch die des kleinen Hundes. Da, wo der Weg eng geworden ist, sehe ich: Hier ist Martino gekrochen. Endlich wird der Weg wieder breiter.

Neben den Spuren von Martino bis zum Schloss sehe ich jetzt auch Spuren von kleinen Wagenrädern und solche von kleinen Pferden...« (Die kleine Erzählung zum Imaginieren der Spuren kann noch ergänzt werden.)

b) Nun lasst uns auf der Rückseite einer alten Tapetenrolle mit Fingerfarben und Kartoffelstempeln alle Spuren darstellen: »Wir nehmen eine Tapetenrolle für Martinos Hin- und Rückweg, sowie eine andere Rolle für die Wege der anderen Dorfbewohner, die mit großen Wagen und eigenen Pferden in den Wald fahren wollten.«

c) Beim genauen Betrachten bzw. Vergleichen von Spuren und Weg kommt es meist zu guten Gesprächen: Warum die anderen »den Schatz an Gold« (der für Glück, Reichtum an Erfahrung und Lebenssinn symbolisch genannt ist) nicht verdienen; warum Martino auch an der dunkelsten, schwersten Stelle des Weges doch nicht umgekehrt ist, usw.[10]

Die Anschaulichkeit des Spuren- und Wegbildes motiviert auf besondere Weise, sich in Martino voller Phantasie hineinzuspüren, mit ihm zu fühlen, ja am Ende sich mit ihm zu freuen (irgendwann möchte man so etwas auch wagen!).

Ergänzungsimpulse
Gelegentlich waren die Kinder auch nach Tagen noch so mit der Geschichte innerlich beschäftigt, dass es lohnte,
a) den Weg in den Wald körperhaft nachzustellen (Kinder waren dann Bäume, Büsche, Dornen etc.): Ein Kind spielte Martino, der sich den Weg auch durch die engsten Stellen (symbolisch einem Geburtskanal ähnlich!) bahnte,
b) mit Orff-Instrumenten das ganze klanglich darzustellen: Schritte, Vogelgesang, Licht, das in das Dunkel fiel, Angst, Freude etc.

3. Weitere Spielvorschläge

a) Titelspiel

Ziele
Siehe Seite 48
Altersempfehlung: ab 8 Jahre

Lernvoraussetzung
Das Rodari-Märchen von Martino ist bereits gut bekannt.

Benötigte Materialien
Keine, es wird nur mit Tafelanschrieb gearbeitet.

Anmerkung
Im Titelspiel[11] noch ungeübte Klassen werden zunächst gern aus vorgegebenen Überschriften auswählen, später wächst die Freude, bald auch eigene Titel zu Geschichten zu erfinden und sie mit anderen der Klasse zur Wahl zu stellen.

Anleitung
Ich stelle mir vor, dass unser Märchen auch eine ganz andere Überschrift, einen neuen Titel, haben könnte.
Wir wollen aus 10 neuen Überschriften, die ich hier an die Tafel geschrieben habe, die beste, die passendste aussuchen.

Zu zweit überlegt jetzt, welche Überschrift ihr am besten findet. Aber bitte überlegt auch, wie ihr den gewählten neuen Geschichten-Titel begründen könnt, warum er für euch so gut passt.

(10 Minuten Arbeit in Zweiergruppen folgt.)

Hier die 10 Titel zum Auswählen:

- Die geheimnisvolle Straße
- Wenn einer mutig einen neuen Weg geht
- Wie Martino die Straße bis zum Ende entdeckte
- Wie alle im Dorf über einen Jungen staunten
- Wie ein Vogel und ein Hund Martino Mut machten
- Die große Belohnung
- Der unbequeme Weg
- Nicht gleich umkehren, das lohnt sich
- Durch Dornen und Dunkel zum Ziel
- Wie einer einen schwierigen Weg zu Ende ging

Nun lassen wir gut 10 Minuten Zeit für die Zweiergruppen. Dann nennen und begründen die Kinder ihre »Wahl«. Schließlich schälen sich vielleicht drei bis vier »Favorit-Titel« heraus, zwischen denen der beste in offener Abstimmung gewählt wird.

b) Anwärmspiel: Martino und der Hund

Ziele

Der Hund hat in dieser Geschichte die Rolle des Helfers, der den Helden ermutigt, seinem Vorhaben treu zu bleiben und nicht aufzugeben. Wir greifen dieses Motiv auf, um die Kinder gefühlsmäßig auf das Thema einzustimmen. Die Augenbinde symbolisiert die schwierige Situation von Martino: Er kann sein Ziel nicht sehen, er kann es nur ahnen.

Altersempfehlung: ab 7 Jahre

Anleitung

Kommt immer zu zweit zusammen. Einer von euch soll der Hund sein, der Martino begleitet. Der andere ist der junge Martino. Gleich werden wir Martino die Augen verbinden. Der Hund soll Martino den Weg zeigen, indem er ihm immer leise sagt, wie er gehen soll. Geht alle an die Wand. Von dort sollt ihr zur gegenüberliegenden Wand gehen. In der Mitte werden wir ein paar Hindernisse aufstellen. Alle Kinder, die die Rolle des Hundes spielen, müssen gut aufpassen, dass ihr Mar-

tino nicht gegen ein Hindernis läuft oder mit anderen Kindern zusammenstößt.
(Wenn alle Paare das Ziel erreicht haben, Rollenwechsel. Schicken Sie die Kinder zur gegenüberliegenden Wand. Achten Sie darauf, dass Martino nur durch die Worte geführt wird und nicht mit der Hand.)

c) Rollenspiel: Gespräch mit den Eltern

Ziele

Die Geschichte zeigt die Entwicklungsaufgabe des Jungen. Er muss etwas tun, was die Erwachsenen nicht für richtig halten, was in ihren Augen nicht wichtig ist, ja, was vielleicht sogar gefährlich ist. Diese Auseinandersetzung kennen die Kinder auch aus ihrem eigenen Leben. In Trios können sie diese Problematik ausspielen.
Altersempfehlung: ab 8 Jahre

Anleitung

Kommt immer zu dritt zusammen. Ein Kind soll Martino sein, die anderen beiden sind Vater und Mutter des Jungen. Martino sagt nun den Eltern, dass er die Straße nach Nirgendwo erforschen will. Was meinen die Eltern dazu? Wollen sie ihn davon abhalten? Welche Gründe haben sie dafür? Wollen sie ihn ermutigen? Was haben die Eltern gemacht, als sie selbst in dem Alter von Martino waren? (5 Minuten)
(Um einen gemeinsamen Fokus zu haben, empfiehlt es sich, dass anschließend ein oder zwei Trios ihr Spiel noch einmal vor allen wiederholen. Anschließend dann Auswertungsgespräch.)

d) Phantasiereise: Eine Hülle aus Licht

Ziele

Die Ablösung der Kinder von den Eltern ist keine einfache Aufgabe. Nicht für alle Kinder ist es leicht, gute Beziehungen zu Gleichaltrigen und zu anderen Erwachsenen zu entwickeln. Von Zeit zu Zeit bekommt jedes Kind Angst und fühlt sich schwach und verletzlich. Es kann Zweifel haben, ob es tüchtig genug ist, ob es beliebt genug ist. Manche Kinder haben Angst um Eltern, die selbst inkompetent und unreif sind. Für alle diese Fälle stellt diese schöne Phantasie ein kleines Hilfsmittel dar, das um so wirksamer ist, je öfter es wiederholt wird.
Altersempfehlung: ab 9 Jahre

Anleitung

Bei welchen Gelegenheiten fühlt ihr euch unruhig, aufgeregt oder ängstlich? Wodurch können andere euch ärgerlich machen oder euch verletzen? ...

Ich möchte euch eine Möglichkeit zeigen, wie ihr euch selbst in schwierigen Situationen Schutz geben könnt.

Setzt euch bequem hin, schließt die Augen und atmet dreimal tief aus. Bemerkt, wie euer Körper sich ausdehnt, wenn ihr einatmet, wie er lockerer wird, wenn ihr ausatmet ... Beobachtet einfach, wie ihr beim Einatmen und Ausatmen ruhiger werdet und euch immer besser konzentrieren könnt ... Jetzt stellt euch einen großen Stern vor, der über euch steht und sein sanftes und liebevolles Licht zu euch hinschickt. Lasst dieses Licht wie einen Wasserfall über euren Kopf und über euren Körper fließen, lasst das Licht auch durch euren Körper hindurchfließen. Stellt euch vor, dass das Licht oben in euren Kopf hineinströmt und dann nach unten fließt, überall hin, wie ein Fluss, der Steine und Sand auf seinem Grund mit Wasser umgibt. Lasst diesen Strom von Licht alles, was euch unangenehm ist, aus euch herausspülen, unten aus den Füßen heraus in den Boden, alle Müdigkeit, Anspannung oder Angst.

Stellt euch vor, dass dieser Strom von Licht auch jede Dunkelheit um euer Herz herum wegwäscht, so dass das Licht in euch heller und heller scheint, dass euer Herz ganz hell und warm wird und dass eure Brust mit einer Hülle von Licht umgeben ist. Und diese Hülle von Licht schützt euch. Sie lässt nichts Feindseliges hindurch und sie sorgt auch dafür, dass ihr selbst feindselige Worte zurückhaltet, um andere nicht zu verletzen.

Und immer wenn ihr euch gut fühlen wollt und sicher, dann könnt ihr euch diese Hülle von Licht vorstellen, das Gefühl von Wärme und Freundlichkeit, das sie euch geben kann.

e) Kreatives Schreiben: Der Schatz

Ziele

Wer die Entwicklungsaufgabe meistert, neugierig und selbständig zu werden, der wird reich belohnt, dem gehen wichtige Wünsche in Erfüllung. Wir geben den Kindern Gelegenheit, sich mit Martino zu identifizieren und eine Auswahl unter den Schätzen des Schlosses zu treffen. Wichtige persönliche Wünsche der Kinder können so zur Sprache kommen.

Altersempfehlung: ab 8 Jahre

Anleitung

Stellt euch vor, dass ihr selbst in dem Zauberschloss seid, das Martino in der Geschichte gefunden hat. Aber diesmal sagt die Schlossherrin etwas anderes. Sie sagt: »In meinem Schloss findet sich alles, was es überhaupt Schönes und Interessantes in der Welt gibt. Wer z. B. einen guten Freund haben will, der kann ihn hier finden. Wer Klavier spielen lernen möchte, der kann das Klavier hier finden, auf dem ihm das gelingt. Und wer in den Ferien in die Berge fahren möchte, der findet hier die Fahrkarte dazu. Du darfst dir eine Sache auswählen, die du von hier mitnehmen willst.« Schreibt auf, was ihr von dem Schloss mitnehmt. Beschreibt, was ihr anschließend damit machen werdet.

f) Kreatives Schreiben: Die Herrin des Schlosses

Ziele

Die Herrin des Schlosses ist in einer eigenartigen Lage. Sie herrscht über Schätze, die die wenigsten haben wollen. Für etwas ältere Kinder ist diese Schreibaufgabe und die damit verbundene Perspektive sehr interessant.

Altersempfehlung: ab 9 Jahre

Anleitung

Beschreibe die Gedanken der schönen Frau im Schloss: Was denkt sie über die Leute im Dorf, die kein Interesse haben, die Straße nach Nirgendwo ernsthaft zu suchen? Was denkt sie über Martino? Was würde sie über dich denken? Bist du selbst eher wie Martino oder eher wie die Leute im Dorf?

g) Gespräch im Kreis: Etwas Schwieriges

Ziele

Jedes Kind tut immer wieder etwas, was auch Martino gemacht hat, es tut etwas zum ersten Mal. Oft muss es dazu seinen Mut mobilisieren, einen langen Anlauf nehmen, Durchhaltevermögen zeigen. Sie geben den Kindern Gelegenheit, solche persönlichen Erfolge zur Sprache zu bringen.

Altersempfehlung: ab 8 Jahre

Anleitung

Setzt euch im Kreis zusammen, denkt an eine Gelegenheit, wo ihr etwas Ähnliches gemacht habt wie Martino. Wann habt ihr etwas Schwieriges zum ersten Mal getan? Was habt ihr gemacht? Was ist euch geglückt? Denkt an solche Dinge, über die ihr nachher zufrieden und stolz sein konntet.

III. Fabel: Das Krokodil, der Tiger und der Wandersmann

Ziele

Durch Freude an dieser Weg-Geschichte und ihrer überraschenden Wendung wird das Urvertrauen der Kinder gestärkt und sie werden überdies dabei ermutigt, dass selbst größte Gefahr plötzlich vorüber und abgewendet sein kann.

Altersempfehlung: ab 6 Jahre

Biblische Assoziationen

1 Sam 17,32 (»Seinetwegen lasse keiner den Mut sinken«) – Psalm 27,9 (»Du bist meine Hilfe, verlass mich nicht!«) – Jeremia 15,11 (»Ich will euch zu Hilfe kommen in der Not!«)

1. Erzähl- oder Vorlesetext

Auf einem schmalen Wege, wo zur rechten Hand ein hohes Gebirge emporstieg und zur linken der Ganges floss, ging ein Wanderer.

Plötzlich sah er vom Berge einen grimmigen Tiger auf sich zueilen; um ihm zu entgehn, wollte er geradezu in den Strom sich stürzen und durch Schwimmen sich retten, so gut er könne, als aus diesem ein Krokodil emporfuhr.

»O ich Elender!« rief der arme Wanderer, »wohin ich blicke, ist der gewisse Tod.« – Voll unaussprechlicher Angst sank er bei diesen Worten zu Boden. Der Tiger, schon hart an ihm, tat einen jähen Sprung und – fiel dem Krokodil in den Rachen.

Zufrieden mit seiner Beute fuhr dieses wieder in die Tiefe hinab. Erhalten und unbeschädigt ging der Wandersmann von dannen.

Auch in höchster Gefahr verzweifle noch nicht! Oft dient zu deiner Erhaltung, was im ersten Augenblick deines Untergangs Vollendung schien.

Johann Ferdinand Schlez[12]

58

2. Schnipselbild-Spiel als Fußbodenbild und Gesprächsrunde zur Auswertung

Ziele
siehe Seite 58
Altersempfehlung: ab 6 Jahre

Benötigte Materialien
Vorher hergestellte Papierschnipsel in ausreichender Menge, aus denen rasch auf dem Fußboden die Umrisse der beteiligten Figuren gelegt werden können. (Achtung: Sie sind durch Verschieben mühelos korrigierbar! Ist eine Gefahr »nicht mehr vorhanden«, nehmen die Kinder die entsprechenden Schnipsel weg ...)

Anleitung
Hier habe ich viele, viele kleine Papierschnipsel. Nachdem ihr die Geschichte von der plötzlichen Rettung des Wanderers gehört habt, möchte ich, dass die Hauptfiguren in Papierschnipseln zu einem großen Fußbodenbild werden. Stellt euch noch einmal den Gebirgsweg vor: Er ist schmal und so nahe am steilen Ufer zum Fluss. Von oben kommt der Tiger, unten schwimmt das Krokodil. Die Gefahr ist riesengroß und ganz nahe, dazwischen der Wanderer ...
Wer legt im Umriss den Tiger? Wer den Wanderer? Wer das Krokodil? (Nach wenigen Minuten sind die einzelnen Teile samt Andeutungen von Fluss, Weg und Gebirge fertig gelegt). Wir setzen uns um unser Schnipselbild und bewegen uns sehr vorsichtig, damit kein Luftzug entsteht, der vorzeitig ein »gefährliches Tier« davonweht ...

Gesprächsanstöße
Erinnert ihr euch noch, warum der Tiger den Wanderer verfehlt und ins Wasser stürzt, direkt in den Rachen des Krokodils? Vielleicht haben die Kinder eigene Erfahrungen, wie es ist, mit großem Schwung von einem Berghang herunterzukommen. Man kann dann kaum bremsen.
– Welche drei Dinge werden nacheinander vom Wanderer berichtet, als er den Tiger heranstürmen sieht? Ob er von diesem Tage an ein wenig mehr gelernt hat, dass auch schlimme, fast ausweglose Situationen sich schnell ändern können? (Das macht Mut. Solch gute Erfahrung stärkt und gibt auch Sicherheit wie »Stock und Hut«. Mutmachende Erfahrun-

gen sind wie ein »unsichtbarer Stock«, wie ein »unsichtbarer, schützender Hut.«)

– Was tun wir, wenn wir Angst bekommen? (Im Austausch der Meinungen werden vielleicht genannt: Sich-nach-Hilfe-Umsehen, ein Stoßgebet sprechen, etwas singen gegen die Angst, zum Beispiel im Dunkeln!).

– Ein mutmachendes Lied könnte zum Schluss gesungen werden, zum Beispiel das »Kinder-Mut-Mach-Lied« (Andreas Ebert) aus dem Liederbuch »Weil du mich magst«, Impulse-Musik-Verlag L. Edelkötter.

3. Weitere Spielvorschläge

a) Anwärmspiel: Gefahr!

Ziele
Kinder brauchen viele Optionen, wenn sie in gefährliche Situationen geraten. In diesem Spiel können sie einige dieser Möglichkeiten realisieren.
Altersempfehlung: ab 7 Jahre

Anleitung
Manchmal geraten wir in Gefahren und müssen ganz schnell entscheiden, was wir tun wollen, um uns zu retten. Manchmal ist es eine gute Idee, ganz schnell wegzulaufen. Stellt euch irgendeinen Moment vor, wo es das Beste ist, wegzurennen. Wenn ich gleich rufe: »Achtung, fertig, los!«, dann zeigt mir, wie ihr ganz schnell wegrennt ...
Manchmal ist es am besten, dass wir nicht wegrennen, sondern dass wir uns mit Händen und Füßen verteidigen. Denkt an irgend etwas, gegen das ihr euch mit aller Kraft schützen müsst. Ihr dürft boxen und treten, kratzen und schlagen, aber achtet darauf, dass ihr keinem anderen Kind zu nahe kommt. Wenn ich gleich: »Achtung, fertig, los!« sage, zeigt mir, wie ihr euch verteidigt ...
In unserer Geschichte ist die Lage des Wanderers so schwierig, dass er ohnmächtig wird und sich fallen lässt. Stellt euch vor, dass rechts neben euch der Tiger ist und links das Krokodil, und lasst euch blitzschnell auf den Boden fallen, wenn ich rufe: »Achtung, fertig, los!«
Manchmal ist es angebracht, dass wir uns mit lautem Schreien schützen. Stellt euch irgendeine Situation vor, wo es angebracht ist, dass ihr ganz

laut »Nein« schreit. Wenn ich gleich »Achtung, fertig, los!« sage, dann schreit mit aller Kraft ein paarmal »Nein«.

Ihr sollt nun wissen, dass im Augenblick hier bei uns in der Gruppe keine Gefahren drohen. Geht alle im Raum umher, und wenn ihr ein anderes Kind trefft, dann begrüßt es freundlich, indem ihr ihm die Hand schüttelt.

b) Phantasiereise: Entschlossenheit

Ziele

Krokodile sind bei Kindern nicht sehr beliebt. Sie bevorzugen sanftere Tiere, um sich mit ihnen zu identifizieren. Das hängt sicher auch damit zusammen, dass es für Kinder eine schwierige Aufgabe ist, die eigene aggressive Seite zu akzeptieren und diszipliniert zu benutzen. Wir können diese Phantasie als Hilfe anbieten, um den Kindern den Zugang zu ihren aggressiven Kräften zu erleichtern.

Altersempfehlung: ab 9 Jahre

Anleitung

Von dem Krokodil in unserer Geschichte können wir etwas Wichtiges lernen. Es ist sehr schnell und handelt kurzentschlossen. Nachdem es den Tiger gefressen hat, wird es für lange Zeit satt sein; es kann sich zufrieden auf einer Sandbank im Fluss zur Ruhe legen. Setz dich bequem hin und schließ deine Augen. Atme dreimal tief aus und stell dir vor, dass du dich langsam in ein Krokodil verwandelst. Du hast kurze Beine, einen langen Körper und ein riesiges Maul. Stell dir vor, dass du dein großes Maul mit den scharfen Zähnen ein paarmal auf und zu machst. Stell dir vor, dass du im Wasser schwimmst mit halb geöffnetem Maul. Deine Augen sehen nach den Seiten und sind halb geschlossen. Um dich herum schwimmen noch andere Krokodile, die alle sehr ruhig aussehen und gleichzeitig ganz wach sind.

Vom Krokodil kannst du lernen, gut zu beobachten, klar zu sehen, geduldig zu sein, bis die richtige Zeit gekommen ist, und dann mit deinem Maul zuzupacken, wenn der Augenblick da ist. Stell dir irgend etwas vor, was du dir sehr wünschst. Konzentriere alle deine Kräfte, damit du dir im richtigen Augenblick deinen Wunsch erfüllen kannst. Nach außen hin siehst du ganz entspannt aus, aber innen bist du sehr konzentriert. Du weißt, was du dir wünschst. Dafür musst du alle deine Kräfte mobilisieren. Sieh dein Ziel ganz deutlich vor dir. Du weißt auch, wann der richtige Zeitpunkt gekommen ist, um auf dein Ziel loszuschwimmen und es festzuhalten. Was immer du möchtest, du kannst es ganz sicher mit deinem kräftigen Maul packen und festhalten.

Wenn du von dem Krokodil gelernt hast, geduldig zu warten, Kraft zu sammeln und entschlossen auf dein Ziel loszugehen, dann kannst du wieder du selbst werden. Schau zu, wie dein Krokodil, das dir eben geholfen hat, wieder im Wasser schwimmt, und gib ihm zum Dank irgend etwas zu fressen. Überlege einen Augenblick, was du tun kannst, um entschlossen zu handeln, wenn es für dich am besten ist.

c) Kreatives Schreiben: Ein wildes Tier zähmen

Ziele

Der Umgang mit der eigenen aggressiven Seite ist für jedes Kind schwierig. Instinktiv weiß jedes Kind, dass es sich isoliert, wenn es rücksichtslos handelt. Es weiß auch, dass es Schaden nimmt, wenn es die eigenen Interessen zu sehr zurückstellt. Die eigene Kraft konstruktiv einzusetzen ist eine wichtige Entwicklungsaufgabe. Die folgende Schreibaufgabe kann den Kindern helfen, sich mit dieser Thematik zu beschäftigen.

Altersempfehlung: ab 8 Jahre

Anleitung

Stell dir vor, dass du einen kleinen Tiger oder ein kleines Krokodil als Haustier geschenkt bekommst. Beschreibe, wie du das Tier aufziehst und es zähmst. Was tust du, damit das Tier niemandem gefährlich wird? Wie lange willst du es behalten? Willst du ihm irgendwann die Freiheit geben?

d) Kreisgespräch: Rettungsgeschichten

Ziele

Eine Botschaft der Geschichte lautet ungefähr so: Wenn du mehrere Feinde hast, dann hast du manchmal das Glück, dass sie sich gegenseitig unschädlich machen. Dieser strategische Gedanke wird allerdings nicht allen Kindern zugänglich sein. Meist erleben sie einzelne Feinde, die ihnen das Leben schwer machen, und mit den meisten Gegnern müssen die Kinder selbst zurechtkommen. Wenn sie von Zeit zu Zeit erleben,

dass sie aus einer schwierigen Situation von Dritten gerettet wurden, dann hilft ihnen das, daran zu glauben, dass die Welt ihnen bei allen Widrigkeiten doch überwiegend wohlgesonnen ist. Wir geben den Kindern hier Gelegenheit, solche positiven Erfahrungen auszutauschen.
Altersempfehlung: ab 9 Jahre

Anleitung
Setzt euch im Kreis zusammen und denkt an eigene Erfahrungen in eurem Leben, an Gelegenheiten, wo es euch so ging wie dem Wanderer in unserer Geschichte. Ihr wart in einer sehr schwierigen und gefährlichen Lage, und auf wunderbare Weise seid ihr gerettet worden.

e) Gruppenarbeit: Kinderängste

Ziele
Für Kinder ist es wichtig, dass sie mit anderen Kindern ihre Schwierigkeiten austauschen können. Das entlastet, schafft Solidarität und gibt auch Gelegenheit, von anderen zu lernen. In einigen Aspekten unterscheiden sich die typischen Ängste von Jungen und Mädchen. Darum lassen wir die Kinder hier in geschlechtsspezifischen Gruppen arbeiten.
Altersempfehlung: ab 8 Jahre

Anleitung
Kommt in zwei Gruppen zusammen, alle Mädchen in einer Gruppe und alle Jungen in einer anderen. Schreibt gemeinsam auf, wovor Jungen bzw. Mädchen in eurem Alter Angst haben. Erzählt auch, was ihr tut, um mit solchen Schwierigkeiten zurechtzukommen.

IV. Fabel:
Wie es der Flussschildkröte ergangen ist

Ziele
Die Kinder sollen erkennen, dass es gut ist, Klage nicht zu unterdrücken
sowie auch in gefährlicher Lage mit Feinden klug einen Handel zu versuchen.
Altersempfehlung: ab 8 Jahre

Biblische Assoziationen
Psalm 102,2 (»Lass mein Schreien zu dir kommen ...«), Psalm 22,9 (»Er
klage es dem Herrn, der helfe ihm heraus ...«), Mt 10,16 (»Seid klug wie
die Schlangen ...«)

1. Erzähl- oder Vorlesetext[13]

*Einmal war eine Flussschildkröte auf einer Wanderung. Sehr langsam
zog sie ihres Weges. Auf dem Land können Schildkröten nicht schnell
vorankommen.*

*Dies war zudem ein sehr warmer Tag, und die kleine Flussschildkröte
hatte sich schon eine ziemlich weite Wegstrecke von ihrem Zuhause
gemüht. Als sie den Fluss, in dem sie lebte, verlassen hatte, war der
Boden noch von Tau bedeckt.*

*Aber irgendwie hatte sie es nicht bemerkt, dass sie immer weiter weg
vom Fluss bis auf steinig-felsiges Land lief. Sie vergaß, dass Fluss-
schildkröten immer im Feuchten bleiben müssen. Es ist gefährlich für
sie auszutrocknen. Wenn ihr Schalenpanzer trocken ist, ermüdet sie, und
wenn die Sonne stundenlang auf sie scheint, dann stirbt sie am Ende.*

*Aber unsere kleine Flussschildkröte dachte nicht an so etwas, als sie
sich zwischen kleinen Felssteinen hindurchschlängelte, die für sie wie
hohe Berge aussahen. Sie spazierte fröhlich herum, so als könnte ihr
niemals etwas Böses geschehen.*

*Jetzt kam sie an eine Stelle, da waren weder Bäume noch Sträucher, nur
Sand und felsiges Gestein. Plötzlich fühlte die kleine Flussschildkröte,
dass die Sonne schon lange, lange auf ihren Rücken geschienen hatte.*

Wo war sie jetzt nur? Sie spazierte hin und her. Zum ersten Mal, seit sie auf dieser großen Wanderung war, blickte sie sich um und wusste mit einem Mal, sie war weit weg von zu Hause.

Da eilte sie zurück zum Fluss, aber die Hitze brannte unbarmherzig, sie konnte nicht mehr weiter. Zuletzt sah sie ein schattiges, dunkles Loch in einem Felsen. Sie schleppte sich vorwärts und kletterte in das Loch, in den Eingang der kleinen Höhle.

Sobald sie sicher darin angekommen war, begann sie zu weinen: Große, dicke Flussschildkrötentränen fielen herab auf ihre Füße. Und sie konnte fühlen, wie immer neue Tränen von ihren Wangen heruntertropften. Dies ließ sie noch mehr weinen. Sie weinte so laut, dass Mister Coyote, ein Präriewolf, der in der Nähe vorbeispazierte, das hörte.

Mister Coyote hielt inne und spitzte seine Ohren. Irgendwer sang da ein besonderes Lied. Ja, jetzt war er sich sicher: Jemand sang da ein wunderschönes Lied, es gefiel ihm. Er wollte es unbedingt lernen.

Deshalb folgte Mister Coyote seinen Ohren. Bald fand er das Loch zur kleinen Höhle am Fuß eines Felsens, wo die kleine Flussschildkröte laut ihre dicken, angstvollen Tränen weinte.

»Einen guten Nachmittag wünsche ich dir«, sagte Mister Coyote. »Du singst ein eindrucksvolles Lied. Ich möchte es auch lernen. Kannst du es mir beibringen?« Die kleine Flussschildkröte war tief erschrocken, den Präriewolf, Mister Coyote, zu sehen. Sie war doch am Weinen und keineswegs am Singen. Wie konnte irgendjemand nur denken, dass sie jetzt dabei war, ein Lied zu singen, war sie doch so ängstlich und so weit weg von Zuhause. Aber Mister Coyote fragte erneut: »Kannst du mir dieses Lied beibringen?«

»Ich singe doch kein Lied«, antwortete die kleine Flussschildkröte.

»Lüg mich nicht an«, erwiderte Mister Coyote, »du kannst mich nicht täuschen. Ich weiß, du hast gesungen, und ich will dieses Lied jetzt lernen. Wenn du mir das Lied nicht beibringst, dann wird das dein Ende sein.«

Da war sich die Flussschildkröte klar, mit wem sie es zu tun hatte, und sie sagte: »Du weißt nicht, was passiert, wenn du mich frisst. Meine Hülle, mein Schutzpanzer wird in deiner Kehle steckenbleiben, und du wirst ersticken. Nie mehr wirst du dann singen.«

»Ich will das Lied lernen«, beharrte Mister Coyote, der Präriewolf. »Nur das ist es, was ich will. Wenn du mir das Lied nicht beibringst, dann packe ich dich und werfe dich aus der Höhle in die Sonne. Ja, das werde ich tun.«

»Na so etwas«, meinte die Schildkröte mit etwas keckem Unterton. »Du würdest mich verletzen. Nein, dann werde ich mich in meinem Hornhautpanzer ganz verkriechen, wenn du mich in die Sonne werfen willst.« Jetzt wurde Mister Coyote ärgerlich über die kleine Schildkröte, und er sagte: »Gut, in dem Fall werde ich dich besser in den Fluss werfen. Aber du musst für mich singen.«

Nun aber bat die Flussschildkröte dringend: »Mister Coyote, werft mich nicht in den Fluss. Ich werde ertrinken. Ich werde sterben und niemals wieder singen. Nein, bitte nicht in den Fluss, Mister Coyote.«

»O doch, ich will es so«, sagte Mister Coyote. Er fasste die kleine Flussschildkröte mit seinen Zähnen, rannte, so schnell er konnte, zum Fluss und warf sie hinein.

So schnell sie nur konnte, schwamm die kleine Flussschildkröte davon. Dann steckte sie rasch noch einmal ihren Kopf aus dem Wasser und sagte in liebevollem Ton: »Danke, Mister Coyote. Danke, dass du mir so geholfen hast.«

Mister Coyote, der Präriewolf, aber schlich sich langsam davon. Er hat das Lied nie gelernt.

Auswertungsimpuls

Die Kinder werden sofort nach dem Hören der Fabel das Bedürfnis haben, ihre Gefühle über den guten Ausgang in Worte zu fassen.

Andererseits erkennen sie bald, dass es sehr wichtig war, der Klage freien Lauf zu lassen, denn nur so wurde die Wasserschildkröte überhaupt gehört – wenn auch von jemandem, der ihr im Grunde feindlich gesinnt war.

Vermutlich kommt das Gespräch auch auf einen Aspekt, den auch Kinder schon erfahren haben: Zuweilen kann Weinen und Wehklagen sehr merkwürdig klingen, manchmal weiß man nicht, handelt es sich um »Lachen oder Weinen«? (Immerhin gibt es Kulturen, die ihre Klage in musikalische Ausdrucksformen bringen: z. B. in Blues-Formen!)

Anmerkung

Schließlich ist überall da, wo mit Kindern innerhalb der »WEG-Thematik« auch die Josefs-Erzählung entfaltet wird, ein Vergleich mit dessen Klagen naheliegend.

2. Titelspiel

Ziele
siehe Seite 64
Altersempfehlung: ab 8 Jahre

Benötigte Materialien
Keine, es wird nur mit Tafelanschrieb gearbeitet.

Didaktische Vorbemerkung
Es empfiehlt sich, die Geschichte ohne Nennung einer Überschrift zu erzählen oder vorzulesen. Im Titel-Spiel, der Suche nach einer guten Überschrift, wählen ungeübte Kinder gern aus einigen Auswahltiteln aus (sie werden vorher auf eine Klapptafel geschrieben).

Anleitung
Manchmal erzähle ich euch absichtlich eine Geschichte, ohne die Überschrift zu verraten. Es kann Spaß machen, sich entweder eine eigene Überschrift, einen Titel für die Geschichte selber auszudenken oder auch unter sechs Titeln, die ich gerade an die Klapptafel geschrieben habe, eine auszusuchen. Als letzter Punkt steht darum an der Tafel: Als eigene Überschrift erfinde ich: ...
Vielleicht rückt ihr jetzt zu zweit oder zu dritt zusammen, überdenkt nochmals die Schildkröten-Geschichte und fangt dann mit dem Überschriftenspiel an.
Wenn ihr aber eine Überschrift als beste auswählt, möchte ich gern, dass ihr eure Wahl begründet: Warum meint ihr, dieser Geschichten-Titel passe am besten?
– Wenn Wehklagen fast wie Musik klingt ...
– Leises Weinen und Jammern hätte nicht geholfen ...
– Wie ein Feind sogar aus Versehen zum Retter wird ...
– Wie die Flussschildkröte sich durch Klagen und Klugsein rettete ...
– Ein guter Handel mit dem Feind ...
– Wie die Flussschildkröte überlebte ...
(Nach etwa 10 Minuten äußern sich die Kinder; sollten auch neue, eigene Titel erfunden sein, werden sie auch an die Tafel geschrieben.)

Anmerkung
Meist drängen die Kinder bei den häufig gewählten Überschriften auf eine offene Schlussabstimmung zum Wählen des »SUPER-TITELS«.

3. Weitere Spielvorschläge

a) Anwärmspiel: Wörter und Töne

Ziele

Wir greifen das Motiv des Singens aus der Geschichte auf und laden die Kinder zu einem Spiel mit nonverbaler Konversation ein.

Altersempfehlung: ab 8 Jahre

Anleitung

Der Kojote in unserer Geschichte versteht nicht, dass die kleine Schildkröte weint. Sicher, Kojoten und Schildkröten sind einfach zu verschieden. Ihr versteht euch bestimmt besser in dem Spiel, dass ich euch jetzt vorschlage. Setzt euch im Kreis zusammen. Einer fängt an und sagt irgendein Wort. Der linke Nachbar antwortet mit einem Ton, der ihm zu diesem Wort einfällt. Der nächste Nachbar sagt wieder ein Wort, und das Kind links neben ihm antwortet wieder mit einem Ton, der ihm zu diesem Wort einfällt.

(Wenn die Kinder mit dieser Idee vertraut sind, können Sie denselben Impuls auch nach rechts im Kreis herumwandern lassen.)

b) Rollenspiel: Die kleine Schildkröte ist weg

Ziele

Je selbständiger die Kinder werden, desto mehr Unruhe entsteht in den Familien. Die wichtigen Fragen, die dann aufgeworfen werden, lauten: Was können wir dem Kind schon zutrauen? Welche bitteren Erfahrungen muss es einfach machen? Wann müssen wir ihm helfen? Welche Grenzen müssen wir setzen? usw. Diese Fragen sind für Eltern nicht immer leicht zu beantworten. Hier geben wir den Kindern Gelegenheit, sich mit diesen Fragen aus der Perspektive ihrer Eltern zu beschäftigen.

Altersempfehlung: ab 8 Jahre

Anleitung

Kommt immer zu viert zusammen. Zwei von euch sind Vater und Mutter der kleinen Schildkröte und zwei von euch sind die älteren Geschwister. Ihr habt gerade entdeckt, dass die kleine Schildkröte verschwunden ist. Ihr haltet Familienrat, um zu überlegen, was ihr tun wollt. (Lassen Sie anschließend die Gruppen berichten, welche Beschlüsse sie gefasst haben.)

c) Kreatives Schreiben: Monolog der kleinen Schildkröte

Ziele

Wenn Kinder in Stress geraten, wenn sie glauben, einen Fehler gemacht zu haben oder versagt zu haben, können die Selbstgespräche, die sie führen, sehr entscheidend sein. Einige Kinder beurteilen sich dann sehr hart und negativ, während andere mehr Verständnis für sich selbst haben und versuchen, eine Lösung zu finden. Wir geben den Kindern hier Gelegenheit, ein solches Selbstgespräch zu erfinden.

Altersempfehlung: ab 8 Jahre

Anleitung

Schreibt nun auf, welche Gedanken die kleine Schildkröte hatte, als sie in der Höhle saß, ehe der Kojote zu ihr kam. War sie ganz und gar verzweifelt? Hatte sie Hoffnung? Machte sie Pläne, was sie tun könnte? Was dachte sie über ihren weiten Ausflug? Hatte sie Hoffnung auf Rettung? Schreibt alles auf, was diese kleine Schildkröte in ihrem Herzen bewegt hat.

d) Kreatives Schreiben: Schriftlicher Dialog

Ziele

Eine interessante Frage ist es, was der Kojote aus der Begegnung mit der kleinen Schildkröte gelernt hat. Selbst für ältere Kinder ist dies eine interessante Aufgabe.

Altersempfehlung: ab 9 Jahre

Anleitung

Kommt immer zu zweit zusammen. Einer von euch soll Herr Kojote sein, und der andere soll Frau Kojote sein. Die beiden unterhalten sich, als Herr Kojote von seinem Schildkrötenabenteuer zurück nach Hause kommt. Was erzählt Herr Kojote seiner Frau, und was sagt sie dazu, bzw. was fragt sie ihn? Hat Herr Kojote irgend etwas aus seinem Abenteuer gelernt? Nehmt euch ein Blatt Papier und schreibt diese Unterhaltung auf. Schreibt immer dazu, wer gerade spricht.

V. Die Geschichte von zweien, die träumten

Ziele
Die Kinder sollen für das Geheimnis der Träume sowie zu behutsamem
Umgang mit dem Trauminhalt sensibilisiert werden: Nicht selten sind
Träume Anstöße zu Aufbruch und Wanderung gewesen, oder sie enthal-
ten verschlüsselte Vorausdeutungen.
Altersempfehlung: ab 8 Jahre

Biblische Assoziationen
Hiob 33,15 (»Im Traum, im Nachtgesicht öffnet er das Ohr«), Mt 2,12
(»Gott befahl ihnen im Traum«)

1. Erzähl- oder Vorlesetext

*Der arabische Geschichtenschreiber El Ixaquí berichtet folgenden Vor-
fall:*
*»Von glaubwürdigen Menschen wird erzählt (aber Allah allein ist all-
wissend und allmächtig und erbarmungsvoll und schläft nicht), dass es
in El Cairo einen mit Reichtümern gesegneten Mann gab, der aber so
großmütig gesinnt und so freigebig war, dass er sie alle einbüßte, außer
dem Haus seines Vaters, und dass er sich genötigt sah zu arbeiten, um
sein Brot zu verdienen. Er arbeitete so hart, dass ihn eines Abends unter
einem Feigenbaum in seinem Garten der Schlaf übermannte, und im
Traum erblickte er einen vermummten Mann, der ein Goldstück aus seinem Munde zog und zu ihm sprach: ›Dein Glück ist in Persien, in Isfahan, geh dorthin und suche es.‹ Am folgenden Morgen machte er sich
auf und unternahm die weite Reise und trotzte den Gefahren der Wüsten,
der Schiffe, der Seeräuber, der Götzendiener, der Flüsse, der wilden
Tiere und der Menschen. Zuletzt erreichte er Isfahan, jedoch im Bezirk
der Stadt überraschte ihn die Nacht, und er streckte sich zum Schlaf im
Hof einer Moschee aus. Dicht bei der Moschee war ein Haus, und nach
dem Ratschluss Gottes des Allmächtigen durchquerte eine Räuberbande*

die Moschee und begab sich in das Haus, und die Leute, die darinnen schliefen, wachten bei dem Getöse der Räuber auf und baten um Hilfe. Auch die Nachbarn schrien, bis der Hauptmann, der Nachtwächter dieses Distrikts, mit seinen Leuten herbeieilte und die Räuber über die Hofmauer sprangen. Der Hauptmann ließ die Moschee durchsuchen, und in ihr stießen sie auf den Mann aus El Cairo und versetzten ihm mit Bambusstöcken so hageldichte Schläge, dass er mehr tot als lebendig war.

Zwei Tage später kam er im Gefängnis zur Besinnung. Der Hauptmann ließ ihn holen und sprach zu ihm: ›Wer bist du, und welches ist deine Heimat?‹

Der andere erklärte: ›Ich bin aus der berühmten Stadt El Cairo, und mein Name ist Mohammed El Magrebí‹. Der Hauptmann fragte ihn: ›Was führte dich nach Persien?‹ Der andere entschloss sich, die Wahrheit zu sagen, und sprach zu ihm: ›Ein Mann hieß mich im Traum nach Isfahan gehen, denn hier sei mein Glück. Nun bin ich in Isfahan und sehe ein, dass dieses Glück, das er mir verhieß, die Prügel gewesen sind, die ihr mir so freigebig gespendet habt.‹ Als er diese Worte hörte, lachte der Hauptmann so, dass er seine Weisheitszähne entblößte; am Ende sagte er: ›Törichter und leichtgläubiger Mann, schon dreimal habe ich von einem Haus in der Stadt El Cairo geträumt, hinter dem ein Garten ist und in dem Garten eine Sonnenuhr und hinter der Sonnenuhr ein Feigenbaum und hinter dem Feigenbaum ein Brunnen und unter dem Brunnen ein Schatz. Ich habe dieser Lüge nie im geringsten Glauben geschenkt, du jedoch, missgeborener Sohn einer Mauleselin und eines Dämons, bist von Stadt zu Stadt geirrt, einzig im Vertrauen auf deinen Traum. Lass dich in Isfahan nicht wieder blicken. Nimm diese Geldstücke und scher dich fort.‹

Der Mann nahm die Geldstücke und kehrte in sein Vaterland zurück.

Unter dem Brunnen in seinem Garten (es war der Garten im Traum des Hauptmannes) grub er den Schatz aus. So schenkte ihm Gott Segen und belohnte und erhöhte ihn. Gott ist der Edelmütige, der Verborgene.«

Jorge Luis Borges[14]

2. Stegreif-Hörspiel

Ziele
siehe Seite 70
Altersempfehlung: ab 8 Jahre

Benötigte Materialien
Kassettenrekorder mit eingebautem Mikrofon und Leerkassette

Anleitung
Nachdem ich euch die Geschichte ein zweites Mal vorgelesen habe, schließt die Augen, damit Bilder und Szenen davon vor eurem inneren Auge erstehen können.
(Einige Minuten der Stille und Imagination)
Nun öffnet eure Augen wieder, atmet tief aus und stellt euch vor: Heute entsteht hier ein kleines Hörspiel von unserer Geschichte.
Ehe wir – ganz aus dem Stegreif – Szene für Szene mit dem Kassettenrekorder aufnehmen, müssen wir an der Tafel die einzelnen Teile der Handlung aufschreiben; das wird unsere Szenenfolge.
(Die Kinder nennen die Abfolge, sie wird aufgeschrieben an der Tafel, dazu ebenfalls die beteiligten Personen und Rollen.)
Ich schlage euch vor, dass wir noch einen Erzähler, eine Erzählerin wählen, die alles schildert, was vor und nach einer Szene oder zwischendurch geschieht.
(Nachdem die Kinder alle Rollen, auch die des Erzählers oder der Erzählerin, aufgeteilt und besetzt haben, schart sich alles dicht um den Rekorder, und die Aufnahme kann beginnen.)

Impuls
Nachdem vielleicht ein oder zwei Szenen zwecks Verbesserung wiederholt werden mussten, hören sich alle das gesamte kleine Hörspiel nochmals an. Oft ergibt sich ein Nachgespräch über das Geheimnis der Träume.
Als Botschaft unserer Seele zeigen sie zuweilen verborgene Wünsche auf, aber sie können auch wie »Fingerzeige« für unseren Weg sein.[15]
Hören Kinder die Mohammed-Geschichte mit ihren Träumen, dann regt dies an, erneut behutsam auf die »Zeichensprache« unserer Tiefe zu achten.

3. Weitere Spielvorschläge

a) Anwärmspiel: Münze im Wasser

Ziele
Wir fesseln das Interesse der Kinder mit einem Geschicklichkeitsspiel und stimmen sie locker auf das Thema ein. Sie benötigen dazu eine große Münze, am besten ein Fünfmarkstück, und für jedes Kind zwei kleine Münzen, z. B. Fünfpfennigstücke. Außerdem brauchen Sie ein Gefäß, am besten aus Glas, das Sie ungefähr 20 cm hoch mit Wasser füllen.
Altersempfehlung: ab 7 Jahre

Anleitung
Ich möchte euch zu einem Spiel einladen, bei dem ihr selbst versuchen könnt, einen Schatz zu finden. Auf dem Boden des Gefäßes liegt im Wasser ein Fünfmarkstück. Um den Schatz zu heben, müsst ihr versuchen, eine eurer Münzen auf das Fünfmarkstück fallen zu lassen, so dass sie darauf liegen bleibt. Wenn einem Kind das glückt, dann darf es laut rufen:»Ich habe den Schatz getroffen.« Immer ein Kind zur Zeit darf sein Glück probieren, indem es nacheinander mit seinen beiden Münzen auf das Geldstück zielt. (Münzen, die getroffen haben, müssen natürlich zwischendurch rausgenommen werden.)
(Die Kinder lieben dieses Spiel, und Sie können je nach Gruppengröße zwei oder drei Runden spielen.)

b) Phantasie: Stadt aus Gold

Ziele
Gold symbolisierte im alten Orient Unsterblichkeit und Spiritualität. In dieser Phantasie benutzen wir das Bild des Goldes, um das Selbstwertgefühl der Kinder, das Empfinden ihres persönlichen Wertes zu betonen.
Altersempfehlung: ab 8 Jahre

Anleitung
Gibt es bei euch zu Hause Dinge, die aus Gold sind?... Besitzt jemand etwas, was aus Gold ist?... Könnt ihr mir sagen, welches die besonderen Eigenschaften von Gold sind?... Früher haben die Menschen geglaubt,

dass Gold aus dem Sonnenlicht entsteht, das in der Erde eingeschlossen wurde. Die Menschen haben über das Gold gestaunt, weil es sich nicht veränderte und immer seinen Glanz behielt; und um sich zu schmücken und den eigenen Wert zu betonen, haben die Menschen immer schon Schmuck aus Gold verwendet.

Ich möchte euch zu einer Phantasiereise einladen, damit ihr euch besser vorstellen könnt, welche Gefühle wir haben, wenn wir dem Gold begegnen.

Setz dich bequem hin und schließ die Augen. Atme dreimal tief aus. Stell dir vor, dass du auf einer Wanderung durch einen dichten Dschungel bist. Um dich herum siehst du viele verschiedene Grüntöne, von ganz hell bis ganz dunkel. Du siehst große Rankgewächse, die sich um die mächtigen Stämme riesiger Bäume winden. Du gehst über dichte grüne Moospolster, und überall siehst du große leuchtende Blüten... Jetzt wird der Urwald heller und heller, und du stehst am Rande des Dschungels. Vor dir liegt ein großer See. Mitten im See liegt eine Insel mit einer kleinen Stadt, in der alles aus Gold ist: Mauern, Häuser, Dächer sind aus purem Gold, das in der Sonne glitzert.

Du steigst in den See, der ganz flach ist, und gehst zu der Insel hinüber. Das ist ein besonderer See. Obgleich das Wasser spritzt, während du hindurchgehst, kannst du keinen Ton hören. Das Wasser fühlt sich auch besonders an – wie feuchte, kühle Luft.

Nun bist du auf der Insel. Du siehst, dass überall kleine und große Goldkugeln liegen. Nimm eine dieser goldenen Kugeln in die Hand und fühle, wie schwer sie ist.

Auf einer goldenen Bank siehst du ein paar goldene Schuhe. Zieh die Schuhe an und spüre, dass sie etwas schwerer sind als die Schuhe, die du sonst trägst.

Geh weiter und sieh, dass die Straßen mit Gold gepflastert sind; die Häuser und Türme sind aus reinem Gold.

Nun kannst du hinter dir Pferdegetrappel hören, das immer lauter wird. Acht weiße Pferde traben auf dich zu. Sie ziehen eine goldene Kutsche. Du hörst eine freundliche Stimme, die sagt: »Diese Kutsche ist nur für dich. Steig ein.« Und du springst in die Kutsche und setzt dich auf ein großes goldenes Kissen. Und immer schneller rollt die Kutsche durch die goldenen Straßen. Da merkst du, dass die acht weißen Pferde mit der Kutsche den Boden verlassen und in den Himmel fliegen. Du schwebst mit der Kutsche auf die goldene Sonne zu und schließt deine Augen. Es scheint so zu sein, dass die Pferde, die Kutsche und du selbst mit dem goldenen Licht der Sonne verschmelzen. Du fühlst dich angenehm warm und beginnst, umgeben von dem goldenen Licht und der Wärme, einen schönen Traum. Lass es einen kurzen, besonders schönen Traum sein, den du auf deiner Reise träumst ...

Jetzt ist es Zeit, dass du den Traum beendest. Stell dir vor, dass du gleich wieder hier in der Gruppe (Klasse) aufwachst. Ruhe dich noch etwas von deinem Abenteuer aus, öffne dann deine Augen und schau dich bei uns um, erfrischt und erwacht.

c) Rollenspiel: Der Abschied

Ziele

Der Held der Geschichte, der Mann aus Kairo, unterscheidet sich von anderen Menschen: Er verschenkt seinen Reichtum, bis er wieder arm ist. Er hört auf seinen Traum, der ihn auffordert, auf die weite Reise nach Isfahan zu gehen, um dort sein Glück zu suchen. Wir dürfen vermuten, dass es bei dieser Suche nach Glück nicht so sehr um materiellen Gewinn geht, als vielmehr um die spirituelle Erfüllung des eigenen Lebens. Nicht jeder ist bereit, die damit verbundenen Mühen und Opfer auf sich zu nehmen. In dem Rollenspiel können die Kinder versuchen, den Mann aus Kairo mit all den Zweiflern zu konfrontieren, die ähnlich pragmatisch denken, wie der Hauptmann aus Isfahan.

Altersempfehlung: ab 9 Jahre

Anleitung

Ich möchte euch zu einem Rollenspiel einladen. Spielt die Szene, in der der Mann aus Kairo Abschied nimmt von seinen Eltern, von seinem Bruder, seiner Schwester und von seinem besten Freund. Der Mann aus Kairo soll von seinem Traum berichten und seinen Entschluss verkünden. Was sagen all die anderen dazu? Sie sollen versuchen, ihn von diesem »unvernünftigen« Vorhaben abzubringen. Welche Gründe können sie anführen?

Ein Kind soll die Stimme des Traumes sein und dem Mann aus Kairo den Rücken stärken, dass er nicht auf die vernünftigen Argumente seiner Familie und seines Freundes hört.

d) Kreatives Schreiben: Unterhaltung der beiden Träume

Ziele

Die Geschichte zeigt sehr deutlich, wie unterschiedlich Träume aufgefasst werden. Der Hauptmann ignoriert seinen Traum und bezeichnet ihn sogar als Lüge. Der Mann aus Kairo nimmt seinen Traum ernst und wird am Ende dafür reich belohnt.

Diese Aufgabe ist nicht ganz leicht. Prüfen Sie bitte, ob die Kinder in Ihrer Gruppe damit schon etwas anfangen können.

Altersempfehlung: ab 10 Jahre

Anleitung

Stell dir vor, dass sich die beiden Träume, nachdem sie den Mann aus Kairo bzw. dem Hauptmann aus Isfahan erschienen sind, irgendwo treffen. Sie fangen an, sich zu unterhalten. Sie sprechen darüber, warum sie den Menschen erscheinen und was sie gerne erreichen möchten. Natürlich sprechen sie auch über die Träumer, bei denen sie zuletzt waren: über den Mann aus Kairo und über den Hauptmann aus Isfahan. Was denken die Träume über die beiden Männer?

e) Kreatives Schreiben: Traum meines Lebens

Ziele

Der Mann aus Kairo hat einen Traum, wie er in der Mitte des Lebens häufig vorkommt. Für die Kinder sind Träume wichtig, die ihnen eine Vision geben für den »Frühling des Lebens«. Eine solche Vision ist wichtig, um ein Gefühl für die Richtung zu bekommen, in die das eigene Leben sich entwickeln soll, für Werte und Ziele.

Altersempfehlung: ab 10 Jahre

Anleitung

Stell dir vor, dass du eines Nachts ebenfalls einen wichtigen und schönen Traum hast. Der Traum zeigt dir, wie dein Leben einmal sein wird, wenn du groß bist. Du siehst den Platz, an dem du leben wirst, die Personen, mit denen du zusammenlebst; du erfährst, was du arbeiten wirst und was du tust, wenn du nicht arbeitest. Schreibe deinen Traum auf. Benutze dabei das Präsens.

D. Zweiter Praxisteil

Biblische Geschichten, Lieder und Phantasie-
Übungen zur religionspädagogischen
Erschließung der »Weg«-Thematik

I. »Einmal kommt der Tag ...«: Das Lied vom eigenen Weg

Ziele

Durch ein ermutigendes Lied sollen Vorausfreude und Urvertrauen der Kinder gestärkt werden, wobei das Lied die biblisch-religiöse Dimension anspricht: Wie so manches, was wir nicht beweisen, nicht sehen, aber spüren können, so will uns der verborgene Gott begleiten.

Altersempfehlung: ab 7 Jahre

Biblische Assoziationen

4. Mose 6,24 (»Der Herr segne dich und behüte dich ...«)

2. Mose 23,20 (»Siehe, ich sende einen Engel vor dir her, der dich behüte ...«)

Psalm 91,11 (»Denn er hat seinen Engeln befohlen über dir, dass sie dich behüten auf allen deinen Wegen ...«)

1. Liedvorlage

Das Lied vom eigenen Weg   Wolfgang Longardt

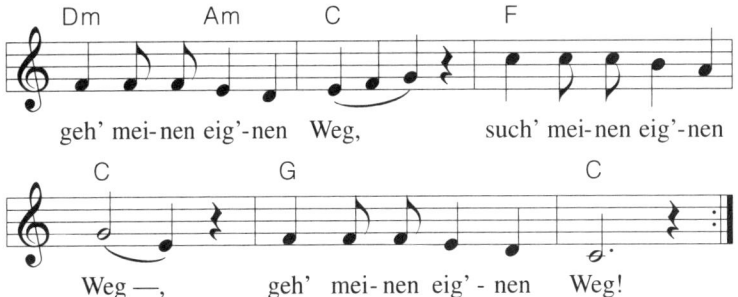

geh' mei-nen eig'-nen Weg, such' mei-nen eig'-nen Weg —, geh' mei-nen eig'-nen Weg!

2. Was ist mein Gepäck?
   Was nehm' ich dann mit?
   Manch' Lieblingsbuch, manch' Lied
   in Zukunft mit mir zieht:
(Refrain)   Such' meinen eig'nen Weg ...

3. Viel Erinnerung,
   manches gute Wort
   und Gottes Segen trägt,
   gibt Mut, zieht mit mir fort:
(Refrain)   Such' meinen eig'nen Weg ...

4. Still verborgen geht,
   den kein Aug' erblickt:
   Er gibt mir Mut und Schutz,
   der Engel, den Gott schickt.
(Refrain)   Such meinen eig'nen Weg ...

2. Fußsohlen- und Schreibspiel

Ziele
siehe Seite 78
Altersempfehlung: ab 8 Jahre

Benötigte Materialien
Zum Herstellen der Fußumrisssohlen Papier, aber unbedruckt, denn es
wird zweifarbig beschriftet.
Ferner sind Bleistifte, Kugelschreiber o. ä. und Bastelscheren bereitzu-
halten.

Anleitung

Heute möchte ich euch vorschlagen, dass wir ein Fußsohlenspiel machen, zu dem aber unser Lied »Einmal kommt der Tag« gehört. Es führt uns wieder ein in das Thema: Wenn wir älter und größer werden, dann müssen wir eines Tages unseren eigenen Weg suchen und finden, und dabei nimmt jeder Sichtbares und Unsichtbares mit ... (das Lied wird nochmals gesungen, siehe Seite 78.)

Zuerst möchte ich, dass ihr alle einen Schuh auszieht und einen eurer Füße, den linken oder den rechten, aufs Papier stellt und ummalt.

Dann schneidet ihr bitte eure Fußsohle aus. (Diese Bastelphase benötigt einige Minuten.)

Unser Lied erzählt, dass es mit uns gehen wird wie mit dem Jungen im »Hänschen-Klein-Lied«. Einmal ziehen wir in die Welt hinaus. Hänschen nahm einen Stock und einen Hut mit. Damit ist sicher allerlei gemeint, was stützt und sicher macht, aber auch was schützt und behütet.

Überlegt zuerst, welche drei Dinge (die man sehen und fassen kann) euch so wichtig und lieb sind, dass ihr sie mitnehmen wollt auf dem Weg ins Leben. Schreibt oder malt es auf eine Seite eurer Fußsohle, die ihr ummalt und ausgeschnitten habt.

Dann überlegt, ob es etwas gibt, was man nicht sehen und anfassen kann, aber was ihr trotzdem mitnehmen wollt. Unser Lied gibt in seinem Text ein paar Vorschläge.

Diese unsichtbaren Sachen, die euch wichtig und lieb sind, malt oder schreibt auf die andere Seite der Sohle.

Dann lest euch zu zweit oder zu dritt vor, was auf den Sohlen geschrieben ist, oder zeigt, was ihr aufgemalt habt.

Impulse

Falls es die Zeit erlaubt, könnten alle Fußumrisse am Ende auf den Boden gelegt werden – wie zu einem Bild von Menschen, die sich auf einen Weg machen. Vor diesem symbolischen Fußbodenbild könnte nochmals das Lied »Einmal kommt der Tag« gesungen werden. Vielleicht wollen die Kinder sich auch darüber äußern, welcher Teil der Aufgabe schwieriger war, der von den sichtbaren oder von den unsichtbaren Dingen ...

Natürlich ist auch möglich, dass jedes Kind zwei Sohlen ummalt und ausschneidet, eine Sohle für die sichtbaren Dinge, die andere für die unsichtbaren. Auch wäre eine Variante reizvoll, in der jedes Kind überhaupt nicht schreibt, sondern nur still für sich nachdenkt, was auf die

Sohle gehören könnte. In kleinen Gesprächskreisen erzählt man dann einander davon.

3. Weitere Spielvorschläge

a) Anwärmspiel: Ballongeschenk

Ziele

Dieses einfache Spiel trägt zu einer freundlichen Atmosphäre in der Gruppe bei. Gleichzeitig stimmt es auf die Thematik ein: Wenn wir in die Welt ziehen, dann begleiten uns die Dinge, die wir in der Kindheit geschenkt bekommen haben.
Sie benötigen einen schönen bunten, aufgeblasenen Luftballon.
Altersempfehlung: ab 8 Jahre

Anleitung

Setzt euch im Kreis zusammen. Stellt euch vor, dass dieser Luftballon ein wunderschönes Geschenk ist, das ihr einem anderen Kind machen wollt. Einer von euch wird beginnen und den Luftballon dem Kind links neben sich geben. Überlegt euch, wie ihr dieses »Geschenk« weiterreichen wollt. Wollt ihr das Kind freundlich ansehen? Wollt ihr dabei lächeln? Wollt ihr dabei etwas sagen?
Und auch das Kind, das das Geschenk annimmt, kann überlegen, wie es das tun will. Will es zurücklächeln? Will es irgend etwas dazu sagen? Will es das Geschenk einen Augenblick festhalten, um das Gefühl zu genießen?
Und ihr könnt euch vorstellen, dass der Luftballon immer schwerer wird, je weiter er im Kreis herumgegeben wird. Eure freundlichen Gedanken sammeln sich in dem Luftballon und geben ihm immer mehr Gewicht.

b) Gruppenritual: Energie schenken

Ziele

Wer in alten Zeiten auf eine große Reise ging, den segnete man. Hier benutzen wir ein Gruppenritual, um zu zeigen, worauf es in einer solchen Übergangssituation ankommt: nämlich auf Solidarität und freundliche Aufmerksamkeit.
Altersempfehlung: ab 9 Jahre

Anleitung

Wer von euch hat schon einmal eine sehr weite Reise gemacht? ... Wer von euch ist schon einmal allein auf eine weite Reise gegangen? ... Was sagen euch eure Eltern zum Abschied, wenn ihr verreist und sie daheimbleiben? ...

Stellt euch vor, dass jeder von euch auf eine ganz weite Reise gehen will. Ihr werdet euch lange Zeit nicht mehr sehen. Jeder hofft, dass er selbst heil und gesund zurückkommt, und jeder wünscht auch den anderen Kindern, dass sie wohlbehalten zurückkehren. Wenn wir Abschied nehmen, dann wünschen wir denjenigen, die auf eine große Reise gehen, Glück und Segen. Und ich will euch einen Weg zeigen, wie ihr, ohne Worte zu benutzen, jedem Kind etwas sehr Schönes mitgeben könnt.

Kommt immer zu viert oder zu fünft zusammen. Gebt einander die Hände. Denkt an all die guten Dinge, die ihr bisher zusammen erlebt habt. Schaut auf die anderen Kinder, die mit euch im Kreis stehen und denkt an all die Dinge, die ihr an den anderen Kindern mögt. Stellt euch vor, dass die freundlichen Gefühle, die ihr füreinander habt, durch eure Hände hindurchfließen, so dass eure Hände vielleicht ganz warm werden. (1 Minute)

Nun soll immer einer aus jeder Gruppe in die Mitte des Kreises gehen. Die Kinder draußen sollen ihre Handflächen ganz schnell aneinander reiben, so dass die Handflächen noch etwas wärmer werden. Nun stellt euch etwas dichter an das Kind in der Mitte und haltet eure Hände wie ein kleines Dach über dieses Kind. Stellt euch vor, dass die Kraft des Himmels von euren Händen eingefangen wird und von euren Handflächen auf das Kind in der Mitte übergeht. Ihr könnt euch vorstellen, dass lauter kleine blitzende Regentropfen auf dieses Kind fallen, die ihm Kraft und Hoffnung für seine Reise geben. Und das Kind in der Mitte kann anfangen, tief zu atmen, um all diese Kraft mit jedem Teil seines Körpers aufzunehmen, und es kann diese liebevolle Aufmerksamkeit der anderen Kinder sehr schön genießen. (1 Minute)

Nun können die Kinder in dem Kreis die Kraft von der Erde einsammeln. Stellt euch vor, dass die Kraft der Erde wie lockerer Schnee auf dem Boden liegt, und mit beiden Händen werft ihr die Kraft der Erde auf das Kind in der Mitte, auf seine Füße, auf seine Beine, auf seinen Körper, auf Hände, Arme und Kopf. Das Kind in der Mitte kann sich darüber freuen, dass es jetzt auch die Kraft der Erde geschenkt bekommt und dass die anderen Kinder ihm soviel liebevolle Aufmerksamkeit geben.

Atmet wieder ganz tief und nehmt die Kraft der Erde mit allen Teilen eures Körpers auf. (1 Minute)

Nun sollen die Kinder im Kreis ihre Hände ein wenig ausschütteln und einen Augenblick ruhig stehenbleiben, damit das Kind in der Mitte spürt, dass es etwas Wichtiges mit auf seine Reise nehmen kann: die Kraft des Himmels, die Kraft der Erde und die freundlichen Gefühle der anderen.

(Anschließend soll das nächste Kind in die Mitte gehen.)

c) Phantasiereise: Stern der Liebe

Ziele

Für Kinder im Grundschulalter ist es typisch, dass sie von den Eltern wegstreben, aber auch immer wieder deren Nähe suchen, um sich von den Anstrengungen ihrer Abenteuer zu erholen und um sich der Liebe ihrer Familie zu vergewissern. Auf allen späteren Lebensreisen ist das Gefühl, als Kind genug geliebt worden zu sein, der wichtigste Reiseproviant. In dieser Phantasiereise betonen wir, dass das Kind nicht nur von seinen Eltern geliebt wird, sondern auch von einer höheren Macht. Gleichzeitig kann das Kind seine eigenen liebevollen Gedanken auf Menschen konzentrieren, die ihm besonders am Herzen liegen.

Altersempfehlung: ab 9 Jahre

Anleitung

Könnt ihr mir sagen, was das Wichtigste ist, das ihr von eurer Familie bekommt? ...

Ich möchte euch zu einer Phantasiereise einladen, bei der ihr etwas sehr Schönes erleben könnt. Setzt euch bequem hin und schließt die Augen. Atmet dreimal tief aus.

Nun stell dir vor, dass ein großer Stern der Liebe über dir steht, der all sein Licht und all seine Liebe über dir ausschüttet. Lass das Licht auch oben in deinen Kopf hineinfließen und tief in dich einströmen, in deine Arme und Beine, in dein Herz. Stell dir vor, dass du ganz umgeben bist von diesem liebevollen Licht, eingehüllt wie in einen schönen weichen Mantel. Wenn du dieses Licht der Liebe spürst, in dir und um dich herum, dann kannst du dich ruhig und sicher fühlen. Und wenn du für dich selbst einen wichtigen Wunsch hast, dann kannst du deinen Wunsch zu dem Stern der Liebe schicken. Vielleicht möchtest du dir Gesundheit wünschen ... vielleicht einen Freund oder eine Freundin ... vielleicht, dass bei dir zu Hause gute Stimmung ist ... vielleicht, dass deine Eltern manchmal Zeit für dich haben ... Schicke deinen Wunsch zum Stern der Liebe und sei sicher, dass er dort ankommt ...

Nun kannst du die Menschen vor dir sehen, die du besonders liebst. Sieh sie ganz genau vor dir und stell dir vor, dass das helle Licht des Sterns auch auf sie scheint und ihr Herz hell macht. Stell dir vor, dass dieses Licht immer heller wird und deine geliebten Menschen mit einem Mantel aus Licht umgibt. Dann kannst du dir überlegen, ob du ihnen auch etwas wünschen möchtest, etwas, das ihnen vielleicht Frieden, Ruhe und Glück schenkt. Wenn du einen Wunsch für sie gefunden hast, dann schicke ihn an den Stern der Liebe und vertraue darauf, dass er dort gehört wird ...

Nun stell dir unsere schöne Erde vor wie einen runden Edelstein, der, umgeben von Sternen und Sonnen, im großen weiten Weltraum kreist – die grünen Erdteile, die blauen Ozeane, die weißen Polkappen und all die vielen Tiere auf der Erde, die Fische im Wasser und die Vögel in der Luft. Du kannst dein Herz ganz weit machen und auch der Erde etwas wünschen. Du kannst diesen Wunsch auch zum Stern der Liebe hinaufschicken und wissen, dass du der Erde damit etwas Gutes tust ...

d) Kreative Bewegung: Ziele

Ziele

Bei dieser Aktivität geht es um die Ziele, die jedes Kind für sich selbst hat. In kleinen Gruppen können die Kinder über diese Ziele sprechen und sie dann mit einer Figur darstellen.

Altersempfehlung: ab 8 Jahre

Anleitung

Kommt bitte in Vierer- oder Fünfergruppen zusammen. Lasst euch einen Augenblick Zeit, um ein wichtiges Ziel zu finden, das ihr in der nächsten Zeit gern erreichen wollt.

Dann kommt immer ein Kind an die Reihe. Es kann die anderen Kinder als Schauspieler oder als Requisiten benutzen, um aus ihnen ein lebendiges Bild zu machen, das das erreichte Ziel zeigt. Vielleicht hat jemand das Ziel, Schlagzeug zu lernen, um mit anderen in einer Band zu spielen, dann könnte dieses Kind die anderen in seiner Gruppe so hinstellen, dass ein Kind am Schlagzeug sitzt, ein anderes eine Gitarre hält, ein drittes die Posaune und ein viertes Kind ein Mikrophon, in das es hineinsingt.

e) Interaktionsspiel: Gute und schlechte Ratgeber

Ziele

In dem Lied heißt es: »Such deinen eig'nen Weg«. Auch wenn wir unsere Ziele kennen, brauchen wir ab und zu Leute, die wir nach dem Weg fragen können. Nicht alle Auskünfte sind brauchbar. In diesem Spiel konfrontieren wir die Kinder mit dem Dilemma, dass wir die Informationen, die wir erhalten, immer sortieren müssen. Dieses Spiel erzeugt, wie das Leben selbst, einen gewissen Stress. Spielen Sie es nur dann, wenn die Gruppe »gut drauf« ist und wenn ein gutes vertrauensvolles Klima herrscht.

Altersempfehlung: ab 9 Jahre

Anleitung

Habt ihr schon einmal einen guten Rat bekommen?... Könnt ihr ein Beispiel nennen?... Und habt ihr schon einmal einen schlechten Rat bekommen?... Wer nennt mir ein Beispiel?... Was tut ihr, um zwischen einem guten und einem schlechten Rat zu unterscheiden?... Ich möchte euch zu einem Spiel einladen, das sehr schwierig ist. Auch hier müsst ihr prüfen, was ihr glauben wollt.

Jetzt will ich euch das Spiel erklären: Ein Kind geht vor die Tür. Es soll nachher einen Schatz finden, den wir hier im Raum verstecken. Außerdem bekommt das Kind zwei Ratgeber, einen guten und einen schlechten. Das Kind soll abwechselnd beide Ratgeber fragen, wie es gehen muss, um den Schatz zu finden. Der gute Ratgeber zeigt den richtigen Weg, und der schlechte Ratgeber zeigt einen falschen Weg, und das Kind muss herausfinden, wem es vertrauen kann. Nach jeder Auskunft, die das Kind bekommt, darf es einen Schritt machen. Das Kind soll möglichst laut denken und uns wissen lassen, welche Gedanken ihm dabei durch den Kopf gehen. Alle anderen sind ganz still und aufmerksam.

Theologisch-pädagogische Vorbemerkungen zum Umgang mit Kernszenen der Abraham-Erzählung

Kinder brauchen Geschichten zum Weltentdecken und Weltdeuten, aber nicht nur solche mehr vordergründiger Dimension, so sehr diese auch ermutigen und Urvertrauen stärken können; erst im intensiven kreativen Umgang mit den großen biblischen Glaubensgestalten erschließt sich ihnen ein Mehr an Dimension, sie stoßen auf das Gottesgeheimnis und staunen, dass Menschen aus dem Vertrauen auf den unsichtbaren Gott mutig ihr Leben gestaltet haben – und viele es noch heute tun.

In biblische Gestalten hineinzuwachsen, sich mit allen Phantasiekräften mit ihnen und ihrem Mut zu identifizieren, das kann Kinder stärken und neben den vielen zerstörerischen Bildern, die heute in sie eindringen, gute, heilende innere Bilder in ihnen verankern.

Für Juden, Christen und Muslime ist Abraham ein Glaubensvater, eine Vorbildgestalt faszinierender Art. Einer, der im hohen Alter Vertrautes hinter sich lässt und Neues wagt, offen ist für kommende Erfahrungen und die ihn begleitende Kraft Gottes; das ist eine Geschichte, die über das Sichtbare hinausgreift, die Transzendenz-Erfahrungen in sich birgt.

Menschlich nah kommt uns Abraham aber auch in seinem Versagen und Handeln voller Angst und Ungeduld. Wie wir alle, ist er einer mit Stärken und Schwächen, doch sein Glaube trägt ihn hindurch.

Was von Kleinvieh-Nomaden, die am Rande der Wüste entlangzogen, lange von Mund zu Mund tradierte, das wurde schließlich zu Davids und Salomos Zeiten (endlich) aufgeschrieben. Mitten in der Blüte der Macht und im Glanz seiner Könige deutet der Verfasser, dass nicht eigene Kraft sein Volk soweit geführt und gestärkt hat, nein, es ist Gottes Verheißung und sein verborgen immer weiter wirkender Segen.

Aus der Vielzahl der Abrahamgeschichten mag jeder einige Szenen auswählen, doch Auszug, Aufbruch Abrahams dürfen wohl nie fehlen, ebenso die ersehnte Geburt Isaaks, angekündigt in Mamre.

Um alle schöpferischen Kräfte der Kinder vor der Geschichte ins Spiel zu bringen, wird das breite Handlungsinstrumentarium »gestalt-

orientierter Religionspädagogik« eingesetzt: Körper- und Ausdrucks-
übungen, Imaginationen, Klangspiele, Farbübungen und Lieder zu den
Erzählungen, denn gereimte Sprache »haftet« nachweislich mehr.

II. Segen auf Abrahams Weg – Ein Geheimnis (1. Mose 12–21)

Ziele
Nicht immer reicht das Vertrauen in die eigene Kraft, an der Abraham-Geschichte kann etwas von der »Kraftquelle anderer Dimension«, dem Segen Gottes entdeckt werden. Den ihm versprochenen Segen erfährt Abraham und gibt ihn weiter.

Biblischer Textbezug
1. Mose 12–21 (in Auswahl)
Altersempfehlung: ab 7 Jahre

1. Erzählvorschlag mit gesungenem Kehrvers

Alle staunten über den alten Abraham. Jeder hatte ihn bis heute geschätzt wegen seiner Verlässlichkeit. Große Ziegen- und Schafherden besaß er, doch leider hatten seine Frau Sarah und er keine Kinder bekommen.

Ja, das Staunen war groß, als Abraham erklärte: »Ich gehe fort, ich suche ein anderes Land, wo ich mit meiner Frau leben werde.«

Bald begann er mit seiner Frau, seinem Neffen Lot und einigen Knechten, den großen Aufbruch vorzubereiten. Er verpackte Zelte, etwas Hausrat und etwas Vorratswasser in Schläuchen.

Alle schüttelten den Kopf und sagten: »Wagt Abraham nicht zuviel, in seinem Alter fortzuziehen, sich von seinen Freunden und der gewohnten Umgebung zu trennen? Nicht einmal Kinder haben er und Sarah.«

Auf alle Fragen sagte Abraham nur kurz und knapp: »Gott will, dass ich fortgehe, ich bin voller Vertrauen, Gott wird mich segnen.«

Die anderen rätselten herum, ob Abraham vielleicht einen Traum gehabt haben könnte, in dem Gott ihn gerufen hat? Ob er vielleicht eine innere Stimme gehört haben könnte? Doch Abraham war kein Mann großer Worte. Er sagte nur: »Gott will es so! Der Segen des unsichtbaren Gottes geht mit mir.«

Text und Melodie:
Wolfgang Longardt

Auf so wei - ten fer - nen We - gen kann be -
glei - ten Got - tes Se - gen, ei - ne stil - le Got - tes -
kraft, die uns Mut und Schutz ver - schafft.

Dann kam der Abschied, viele schauten Abrahams Karawane nach, bis Menschen und Tiere am Horizont verschwunden waren.

In der Mittagshitze rasteten sie unter ein paar Bäumen an einem kleinen alten Brunnen, der noch Wasser für die Tiere hatte.

Sarah, Abrahams Frau, meinte: »Bist du ganz sicher, dass wir ein Land finden, in dem wir bleiben können?« Abraham sagte aber nur wieder: »Ich hab Vertrauen, wir werden spüren, dass Gott uns segnet und begleitet.«

(Kehrvers)

Lot, Abrahams Neffe aber, sagte: »Wenn das nur gut geht! Wir werden Tiere verlieren, die krank sind und nicht weiter können, andere werden verdursten, ich mache mir Sorgen.«

Als es kühler wurde, zogen sie weiter. Ganz vorn an der Spitze der Karawane ging Abraham, er stützte sich auf einen großen Hirtenstab.

In den nächsten Tagen fanden sie etwas Weideland für die Tiere, an einer Oase frischten sie den Wasservorrat auf.

An einem Abend, als sie wieder nach langem Marsch rasteten, sagte Sarah leise zu Lot: »Ich habe jetzt jeden Abend Abraham beobachtet, schau, da hinten kniet er und hebt die Arme zum Himmel. Wenn er nach einer Weile von seinem Gebet zurückkommt, schau ich ihm immer genau ins Gesicht. Mir scheint, er ist dann ganz neu voller Zuversicht, so ruhig und voll Vertrauen.«

Während Sarah noch mit Lot spricht, kommt Abraham zurück und sagt: »Lasst uns ein paar Steine sammeln und zur Ehre Gottes einen Altar bauen.«
(Kehrvers)
Die Knechte helfen mit, bald brennt ein Feuer auf dem Steinaltar. Abraham kniet wieder davor nieder, hebt die Hände zum Himmel, Sarah tut es ihm nach. Dann steht Abraham auf, wendet sich zu allen, die um den Altar stehen. Er hebt über sie die Hände, wie ein schützendes Dach über jeden Knecht, über Sarah und über Lot. »Der lebendige und unsichtbare Gott wird euch und mich segnen und beschützen.«
(Kehrvers)

2. Gestempeltes Fußspuren-Spiel

Ziele
siehe Seite 88
Altersempfehlung: ab 7 Jahre

Benötigte Materialien
Alte Tapetenrollen, deren Rückseite benutzt wird, Fingerfarben, Kartoffelscheiben, aus denen Fußstempelformen geschnitten werden (Fingerfarbe zum Stempeln draufgestrichen), siehe wie auf Seite 51 beschrieben.

Anleitung
Lasst uns noch einmal singen: »Auf so weiten, fernen Wegen« – das Lied aus der Abraham-Erzählung. (Man singt es).
Heute schlage ich vor, dass wir Abrahams Weg sichtbar machen. Aus halben Kartoffeln machen wir uns Fußstempel, und mit Fingerfarbe entsteht hier auf den Rollen der Karawanenweg. Die Tierspuren könnt ihr einfach mit Fingern und Farbe »tupfen«.
Nach einer Wegstrecke soll aber zu erkennen sein, wie man rastet und um einen Altar aus Steinen betet. Wir singen dann für jede Wegstrecke das Segenslied »Auf so weiten, fernen Wegen ...«

3. Weitere Spielvorschläge

a) Anwärmspiel: Hören

Ziele

Abraham ist ein tüchtiger Beter. Er kann so intensiv schweigen und zuhören, dass er die Stimmung Gottes vernimmt. In diesem Anwärmspiel geben wir den Kindern Gelegenheit, das aufmerksame Hören zu üben.
Altersempfehlung: ab 7 Jahre

Anleitung

Kennt ihr Menschen, die schlechte Zuhörer sind?... Kennt ihr Menschen, die gute Zuhörer sind?... Wer hört euch am besten zu?... Was für Zuhörer seid ihr selbst?... Es ist wichtig, dass wir lernen, gut zuzuhören. Wenn wir unseren Freunden nicht zuhören, dann gehen wir ihnen auf die Nerven. Wenn wir unseren Eltern nicht zuhören, werden sie vermutlich ärgerlich. Wenn wir ein schwieriges Problem lösen wollen, müssen wir auf unsere eigenen Gedanken hören. Wenn wir beten wollen, müssen wir auf unsere innere Stimme hören und uns konzentrieren.

Ich möchte, dass wir alle üben, ganz aufmerksam zuzuhören. Setzt euch bequem hin und schließt die Augen.

Atme dreimal tief aus. Spüre, wie sich dein Körper beim Ausatmen weicher und entspannter fühlt. Mach dich ganz weit und genieße es, wenn dein Körper ganz locker wird. Und nun kannst du dir vorstellen, dass du beim Einatmen auch mit den Ohren atmen und ganz besonders gut hören kannst. Lass deine Ohren alle Geräusche und Töne einfangen, die von draußen in unseren Raum hereinkommen... (30 Sekunden).

Nun lass deine Ohren alle Geräusche und Töne bemerken, die hier in unserem Raum entstehen... (30 Sekunden).

Nun höre alle Geräusche, die an dein Ohr kommen. Höre die Geräusche, die dicht bei dir sind, die weiter weg sind und die du kaum hören kannst ... (10 Sekunden). Bemerke, den Klang der Geräusche, ihre Lautstärke und ihre Länge... (10 Sekunden). Bemerke, wie sich die Geräusche ständig verändern... Bemerke, wie sich die Geräusche vermischen und wieder trennen, wie Musikinstrumente in einem Orchester, die zu unterschiedlichen Zeiten anfangen und aufhören und aus vielen einzelnen Tönen eine Melodie machen... (2 Minuten).

Und nun kannst du mit deiner Aufmerksamkeit zurückkommen und die Augen öffnen und dich hier im Raum umsehen.

b) Vertrauensspiel: Hilf mir

Ziele
Auch dieses Spiel greift die Motive aus der Abraham-Geschichte auf:
Das Nichtwissen, das genaue Hinhören, die Hilfestellung von außen und
die Bereitschaft zu vertrauen. Sie benötigen eine Teppichfliese und eine
Augenbinde.
Altersempfehlung: ab 7 Jahre

Anleitung
Ich möchte euch zu einem Spiel einladen, bei dem auch ihr ein Ziel finden sollt und bei dem ihr Vertrauen braucht, um euch helfen zu lassen.
Setzt euch im Kreis auf den Boden. Irgendwo im Kreis werde ich nachher dieses Teppichstück hinlegen. Das ist das Ziel, das ihr finden sollt.
Immer einem Kind werden wir die Augen verbinden, und es soll dann
versuchen, das Teppichstück zu finden und sich mit beiden Füßen da-
raufzustellen. Dabei sollen die Kinder im Kreis helfen. Ihr könnt dem
»blinden« Kind sagen, wie es gehen soll. Nach jedem Schritt kann ein
anderes Kind Hilfestellung geben.
(Das blinde Kind soll immer einen Schritt zur Zeit machen, wenn es
einen Hinweis aus der Gruppe bekommen hat. Machen Sie den Kreis
so groß, dass die Aufgabe eine angemessene Schwierigkeit hat. Geben
Sie mehreren Kindern die Gelegenheit, sich mit Worten führen zu lassen.)

c) Kreative Bewegung: Ein Platz zum Beten

Ziele
Kinder lieben Rituale. Wir geben ihnen hier die Gelegenheit, ihre Phantasie zu benutzen, um im Gruppenraum einen Platz zum Beten herzu-
richten. Das kann den Kindern auch helfen, sich klarer darüber zu werden, was ihnen hilft, sich zu konzentrieren, welche Umgebung ihnen ein
gutes Gefühl gibt, was sie brauchen, um beten zu können.
Altersempfehlung: ab 8 Jahre

Anleitung
Wir wissen nicht, welche Plätze sich Abraham ausgesucht hat, wenn er
sich zurückzog, um zu beten. Wir wissen nicht, wie der Altar aussah,
wenn er mit seiner Familie einen Gottesdienst feierte. Aber jeder von

euch hat schon Plätze gesehen, die die Bestimmung haben, dass Menschen dort in Ruhe beten können.

Ich möchte, dass ihr euch überlegt, wie ihr hier in unserem Gruppenraum einen Platz herrichten könnt, dass man dort gut beten kann. Kommt immer in Sechsergruppen zusammen und überlegt euch, was ihr an einem solchen Platz haben wollt. Ihr könnt alles benutzen, was hier im Raum ist. Nachher sollt ihr alle zusammen einen solchen Platz herrichten.

d) Kreatives Schreiben: Brief an Gott

Ziele

Wir benutzen die Technik des Briefschreibens, um den Kindern Gelegenheit zu geben, wichtige Aspekte des Gebets zu realisieren.
Altersempfehlung: ab 9 Jahre

Anleitung

In ihren Gebeten sprechen die Menschen mit Gott. Oft bitten sie ihn um Hilfe oder sie fragen ihn um Rat. Manchmal danken sie ihm einfach für die Dinge, die sie in ihrem Leben haben, über die sie sich freuen und die sie genießen.

Ich möchte, dass ihr gleich einen Brief an Gott schreibt. Überlegt euch, was ihr Gott in diesem Brief mitteilen wollt. Wollt ihr ihm danken? Wollt ihr ihn bitten, euch bei einem Problem zu helfen? Wollt ihr ihm eine Frage stellen? ...

Stellt euch vor, dass ihr von Gott ein Telegramm zurückbekommt, in dem nur ein Satz steht. Überlegt euch dann, wie dieser eine Satz vielleicht lautet, und schreibt auch diesen Satz auf. (Das ist eine relativ intime Aufgabe, darum müssen Sie gut überlegen, wie Sie die Texte auswerten wollen. Eine Möglichkeit der Auswertung sind Kleingruppen. Wenn Sie im Plenum auswerten, sollten nur die Kinder ihre Texte vorlesen, die dazu bereit sind.)

e) Kreative Bewegung: Eine Oase suchen

Ziele

Dieses Spiel bietet eine Einstimmung in die Wanderung Abrahams. Besonders schön bei diesem Spiel ist es, dass die Gruppe den Rhythmus des Spiels und den Zeitpunkt des Endes selbst bestimmt.
Altersempfehlung: ab 8 Jahre

Anleitung

Stellt euch vor, dass wir alle die Mitglieder einer Expedition sind, die mit ihren Geländewagen durch die Wüste fahren. Wir haben unsere Autos verlassen, weil wir uns verfahren haben und das Benzin verbraucht ist.

Steht bitte auf und beginnt, langsam durch den Raum zu gehen. Wir gehen durch den tiefen Sand, langsam, langsam, um unsere Kräfte zu schonen ... Ab und zu bleiben wir stehen, um uns zu erholen, einen Schluck Wasser zu trinken, von dem wir zum Glück genug haben ... Wir wissen, dass wir zusammenbleiben müssen, damit niemand verloren geht. Und wir sind uns sicher, dass in der Nähe eine Oase ist mit einem kleinen Teich, Dattelpalmen und einem kleinen arabischen Dorf. Dort können wir ausruhen und Hilfe bekommen. Wer von uns wird die Oase als erster entdecken? ...

Und wir werden gleich unseren langsamen Weg durch den Wüstensand beginnen. Dabei gehen wir durch den tiefen, warmen Sand, aus dem wir unsere Füße immer herausziehen müssen. Es wird ganz still sein. Und wenn jemand von uns laut sagt: »Pause!«, dann bleiben wir alle ruhig stehen, erfrischen uns, holen vielleicht tief Luft, seufzen ein paarmal, recken uns und stellen uns vor, dass wir einen Schluck Wasser trinken. Erst wenn jemand von uns »Weiter!« sagt, setzen wir unseren Weg fort und gehen so lange weiter, bis wieder jemand »Pause!« ruft. Und jeder von uns darf zu jeder Zeit eine Pause anordnen oder zum Weitergehen auffordern. Und unterwegs können wir uns an den leuchtenden Farben des Wüstensandes erfreuen, an der Stille, an den runden Formen der Sanddünen. Wir halten Ausschau nach der Oase. Und unser Weg ist zu Ende, wenn jemand von uns sagt: »Ich sehe die Oase!«

III. Wie Versprechen und Segen sich erfüllen (1. Mose 18 und 21)

Ziele

Die Kinder sollen erkennen, wie der Abraham versprochene Segen über lange Zeit mitgeht, spürbar und sichtbar wird: Mit dem Gottesbesuch in Mamre beginnt sich der schon aufgegebene Kinderwunsch von Abraham und Sarah doch noch zu erfüllen.
Altersempfehlung: ab 7 Jahre

Lernvoraussetzungen

1. Mose 18,1–115 und 21,1–8 sind den Kindern bereits erzählt.

Benötigte Materialien

Außer dem nachfolgenden Lied sind einfarbige Teppichfliesen nötig sowie bunte Wollfadenreste, die in einigen Wassergefäßen angefeuchtet werden (dann haften sie gut auf den Fliesen und sind durch die Kinder leicht formbar).

1. Erzähllied

Text und Melodie:
Wolfgang Longardt

ham er-fahr'n, war nun mit Sah-rah alt an Jahr'n.

Refrain:

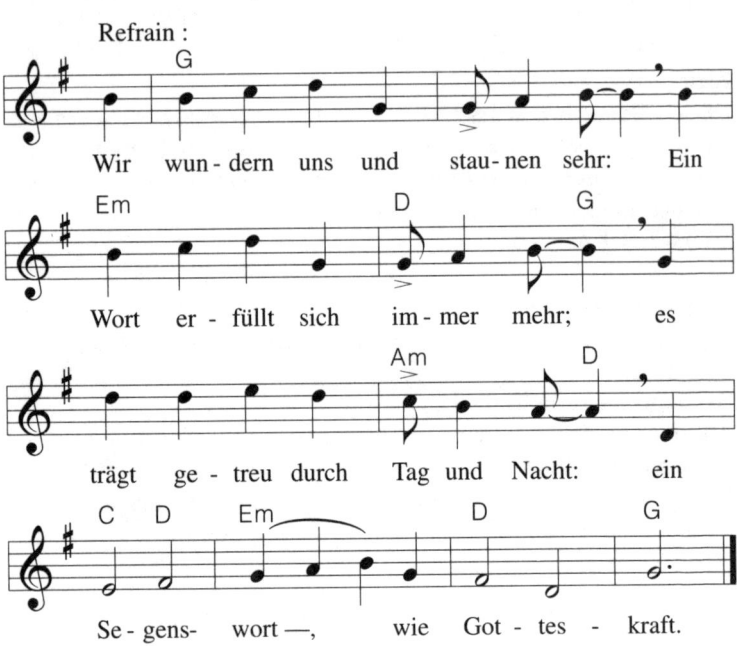

Wir wun-dern uns und stau-nen sehr: Ein

Wort er-füllt sich im-mer mehr; es

trägt ge-treu durch Tag und Nacht: ein

Se-gens- wort —, wie Got-tes-kraft.

2. Ein Kind, ein Kind war Sarahs Traum,
   doch Hoffnung hatte sie wohl kaum,
   bis dort nach Mamre jemand kam,
   den Abraham als Gast aufnahm ... (Refrain)

3. Ein Gast, ein Gast, doch schienen's drei,
   ließ hör'n ein Wort, ganz frank und frei:
   »Hör, über's Jahr wird es geschehn,
   wirst Sarahs Kind mit Freuden sehn« ... (Refrain)

4. Ein Wort, ein Wort, ein Hoffnungswort!
   Die Drei-Gestalt zog wieder fort,
   noch lachte Sarah, – über's Jahr
   sie dankbar einen Sohn gebar ... (Refrain)

5. Ein Wort, ein Wort, ein Gotteswort
   vom Segen wirkte weiter fort!
   Von Sarah und von Abraham
   die Kunde bis zu uns her kam ... (Refrain)

6. Wenn Gott, wenn Gott, den niemand sieht,
   getreu und leise mit uns zieht,
   das stärkt Vertrau'n, wie ihr nun wisst,
   und Gotteskraft ein Segen ist.

2. Wollfadenbilder

Nachdem Zeile für Zeile des Liedes eingeführt sind, wobei es sich emp-
fiehlt, mit dem Refrain zu beginnen, kann die kreative Umsetzung des
Liedinhaltes in Wollfadenbilder beginnen.
Altersempfehlung: ab 7 Jahre

Anleitung
Ich habe Teppichfliesen für euch mitgebracht, darauf können wir
mit bunten Wollfäden Bilder zu unserem Abraham-Sarah-Lied legen.
Wenn ihr die Fäden gut anfeuchtet, dann haften sie besser auf den Flie-
sen.
Überlegt euch, was alles im Lied vorkam, welche Personen wir brau-
chen und welchen Hintergrund.
Das Schöne an Wollfadenbildern auf Teppichfliesen ist, dass ihr jede
Fliese auf dem Fußboden bewegen könnt: Sarah kann, wenn ihr sie ein-
zeln auf einer Fliese darstellt, näherkommen, um mitzuhören, was der
ungewöhnliche Besuch zu sagen hat ...
(Sind alle Figuren samt Hintergrundmotiven auf Fliesen gelegt, so kann
das Nach- und Mitspielen beginnen.)
Nun schlage ich euch vor, dass wir jede Strophe nochmals singen und
mit den Fliesenbildern dazu spielen.
Zunächst sind die beiden alt gewordenen, Sarah und Abraham, allein vor
ihrem Zelt. Ob sie sich noch erinnern an Gottes Versprechen?
(Nun folgt Strophe auf Strophe samt Refrain, der genügend Zeit zum
Ausspielen der Szenen im Bewegen der Fliesen ermöglicht.) Zur Stro-
phe 4 werden die Kinder noch rasch eine neue Fliese legen wollen:
Sarah hält ein Kind im Arm!)

Impuls

Die Schlussstrophe des Liedes »Ein Wort, ein Wort« ist so gestaltet, dass sie in einer Kindergruppe oder Schulklasse zu einem »Gruppenritual« werden kann.

Sowohl jetzt vor allen fertigen Wollfadenbildern dieser Segensgeschichte als auch sonst bei Abschieds- oder Wochenschlussgelegenheiten kann mit gefassten Händen gesungen werden:

»Wenn Gott, wenn Gott, den niemand sieht,
getreu und leise mit uns zieht ...«

3. Weitere Spielvorschläge

a) Anwärmspiel: Wiegenlied

Ziele

Wir greifen hier das Motiv von der Geburt des Kindes (Isaak) auf und bringen die Gruppe in einer schönen Aktivität zusammen. Voraussetzung für dieses Spiel ist es, dass in der Gruppe ein gutes Vertrauensverhältnis herrscht. Sie benötigen eine kräftige Wolldecke und sanfte Musik, z. B. das »Wiegenlied« von Brahms.

Altersempfehlung: ab 7 Jahre

Anleitung

Haben dir deine Eltern erzählt, was ihre ersten Gedanken waren, als du geboren wurdest?... Haben deine Eltern darüber gesprochen, wie sie sich da gefühlt haben?... Die meisten Eltern sind sehr glücklich, wenn das kleine Kind da ist, auf das sie neun Monate gewartet haben. Und auch von Abraham und Sarah wissen wir, wie froh sie waren, als Isaak geboren wurde. Ich möchte euch zu einem Spiel einladen, bei dem ihr euch daran erinnern könnt, was geschah, als ihr geboren wurdet. Stellt euch bitte um die Decke am Boden, und ein Kind kann sich auf die Decke legen. Alle anderen fassen die Decke an und heben das Kind darin ganz vorsichtig ein Stückchen hoch. Die Kinder, die die Decke tragen, können sich vorstellen, dass sie Eltern sind, die ihr Baby ansehen, sich daran freuen und den Wunsch haben, dass dieses Kind sich gut und sicher fühlen kann. Ich werde Musik spielen und ihr könnt das Baby eine Weile zart schaukeln.

(Geben Sie einigen Kindern Gelegenheit, sich in dieser schönen Wiege schaukeln zu lassen.)

b) Phantasiereise: Der Webstuhl

Ziele

In dieser Phantasie können die Kinder in die Zeit von Sarahs Schwangerschaft zurückgehen und irgendein Symbol finden, das für das Leben des zukünftigen Kindes passt.

Altersempfehlung: ab 8 Jahre

Anleitung

Setzt euch still hin und schließt die Augen. Atmet dreimal tief aus.

Nun stell dir vor, dass du in einem schönen großen Raum sitzt und einer Frau zuschaust, die an einem Webstuhl sitzt. Sie webt eine Decke für ein Kinderbett. Wie sieht diese Frau aus? Wie sieht ihr Gesicht aus? Kannst du die Farbe ihrer Augen erkennen? Wie ist sie angezogen? Jetzt weißt du, dass du Sarah zusiehst, die eine Decke webt für Isaak, das Kind, das sie erwartet. Schaut euch in ihrem Zimmer um. Was kannst du da alles sehen? Welche Tageszeit ist es? Kannst du irgendwelche Geräusche im Raum hören?

Sarah webt eine Decke mit einem Bild, das Isaak auf seinem Lebensweg begleiten soll. Sieh dir die Decke an. Sie ist schon fast fertig. Ist sie schwer oder leicht? Welche Farben hat Sarah gewählt? Wie gefallen dir diese Farben?

Jetzt geh dichter an den Webstuhl heran und berühre die Decke. Wie fühlt sie sich an? Wie findest du es, dass die Mutter für ihr Kind eine Bettdecke webt? Kannst du jetzt schon das Bild erkennen, das Sarah in die Decke gewebt hat? Vielleicht siehst du nur große, farbige Flächen, vielleicht siehst du einen Kreis, einen Stern, ein Tier oder eine Pflanze. Lass dir etwas Zeit, das Bild genau zu erkennen, das Isaak auf seinem Weg durch das Leben begleiten soll. Vielleicht möchtest du Sarah jetzt etwas sagen, ehe du aus dem Zimmer gehst und hierher zurückkommst. Nun komm mit deiner Aufmerksamkeit zu uns zurück, atme dreimal tief aus und öffne die Augen.

c) Kreatives Schreiben: Wünsche für ein Kind

Ziele

Kinder im Grundschulalter haben selbst noch wichtige Wünsche an ihre Eltern. In diesem Spiel können sie einen Teil dieser Wünsche zum Ausdruck bringen und sich auf diese Weise innerlich mit dem jungen Isaak identifizieren.

Altersempfehlung: ab 8 Jahre

Anleitung

Kommt immer zu dritt zusammen. Einer von euch ist das Kind, und die beiden anderen sind die Eltern. Die Eltern sollen sich überlegen, welche Wünsche sie für das Kind haben, und diese Wünsche nennen. Das Kind soll zuhören und ab und zu sagen, was es über diese Wünsche denkt. Es kann den Eltern Anregungen geben.

d) Interaktionsspiel: Lebenslinie

Ziele

In Erzählungen um Abraham und seine Nachkommen bietet die Bibel interessante Geschichten, die auch dazu anregen, über den eigenen Lebenslauf nachzudenken. In diesem Spiel geben wir den Kindern Gelegenheit, ihrem eigenen Lebenslauf nachzugehen und wichtige Ereignisse zu identifizieren.

Sie benötigen für jedes Kind einen Wollfaden von ungefähr 2 m Länge und ein paar Kärtchen im Format 6 × 10 cm.

Damit die Kinder die Idee dieses Spieles verstehen, können Sie ihnen eine große Skizze mitbringen, auf der Sie den Lebenslauf von Abraham (oder Ihren eigenen) als Linie graphisch dargestellt haben, mit Höhepunkten, Tiefpunkten, Wendepunkten. Beginnen Sie links und tragen Sie dann bitte an der Lebenslinie die wichtigen Ereignisse ein.

Altersempfehlung: ab 9 Jahre

Anleitung

Ich habe für jeden von euch einen bunten Wollfaden mitgebracht, und ich möchte, dass ihr mit diesem Wollfaden eine Lebenslinie auf den Boden legt. Überlegt euch, welche Ereignisse in eurem Leben besonders wichtig waren, besonders schön oder besonders schwierig. Auf diese Kärtchen könnt ihr dann die wichtigen Ereignisse in eurem Leben zeichnen oder malen. Legt die »Ereigniskärtchen« auf die passende Stelle eurer Lebenslinie.

IV. Abrahams Weg und Wagnis (1. Mose 18 und 21)

1. Sprech- und Malspiel zum »Land der vielen Namen«

Ziele
Die erneute Phantasie-Arbeit zu Abrahams Weg verstärkt die Identifi-
kations-Chance; die imaginationsreichen Land-Namen wecken innere
Bilder.
Altersempfehlung: ab 8 Jahre

Lernvoraussetzung
Die Kinder haben die Erzählung vom Aufbruch und Karawanenzug des
Abraham gehört.

Benötigte Materialien
Zeichenpapier oder alte Tapeten zum Bemalen der Rückseite, Finger-
farben oder Wachsmalstifte
Orffsche-Instrumente; evtl. eigene Instrumente der Kinder, wie Block-
flöten, Gitarren etc.
Tafelanschrieb (zunächst noch verdeckt!):
Abraham zieht in das ...
>   »LAND-WEITHINAUS«,
>   »LAND-FREMD-UND-KALT«,
>   »LAND-WEISS-NICHT-WO«,
>   »LAND-NIRGEND-WO,
>   »LAND-WÜSTENWIND.[16]

Anleitung
An der Tafel lest ihr ungewöhnliche Namen für das Land, in das Abraham mit Sarah wandern will.
Ich lese einen dieser ungewöhnlichen Land-Namen vor und bitte euch,
mit geschlossenen Augen diesen Namen mehrfach zu wiederholen; versucht den Land-Namen zuerst laut nachzusprechen, dann aber mit jeder

Wiederholung etwas leiser, noch etwas leiser und schließlich fast geflüstert.

Wenn wir jeden Namen sieben- bis achtmal immer leiser nachsprechen, dann sehen wir vor unserem inneren Auge Bilder des jeweiligen Landes. Wir können uns vorstellen: das Land ist weit und lange Wege öffnen sich für uns ...

Ich fange mit dem ersten seltsamen Land-Namen an, schließt die Augen und wiederholt ihn dann, zuerst laut, dann immer leiser:

Land-Weithinaus

(die Kinder wiederholen: Land-Weit-Hinaus

                            Land-Weit-Hinaus

                            Land-Weit-Hinaus

                            Land-Weit-Hinaus

                            usw. immer leiser)

Nachdem wir jetzt alle Land-Namen ausprobiert haben, sollt ihr überlegen, welches Land ihr malen und welches ihr in Tönen, Klängen und Geräuschen darstellen wollt.

(In Gruppen versuchen die Kinder Mal- oder Klanggestaltung. Schließlich zeigt man sich die entstandenen Phantasiebilder bzw. spielt die Klangversuche nochmals vor. Ist das Land zu erraten?)

Auswertung

Ob die Kinder begründen wollen, warum sie sich für diesen oder jenen Land-Namen entschieden haben?

In welches Land mag Abraham schließlich gewandert sein? (Auch wenn manche Kinder das Ende der Abraham-Erzählung kennen sollten, ist diese Frage ein starker Phantasie-Impuls.)

2. Weitere Spielvorschläge

a) Kreative Bewegung: Feuer machen

Ziele

Dieses Spiel gibt den Kindern Gelegenheit, ihren ganzen Körper zu spüren und sich zu entspannen. Gleichzeitig erinnert es an die Lagerfeuer von Abrahams Karawane, und es ist darüber hinaus ein schönes Symbol für die Kraft der Hoffnung, die Abraham auf seinem langen Weg geleitet hat.

Altersempfehlung: ab 8 Jahre

Anleitung

Wer von euch hat schon einmal nachts am Lagerfeuer gesessen? ... Wenn eine Karawane von Weideplatz zu Weideplatz zieht, dann ist das für Menschen und Tiere sehr anstrengend. Am Abend ruhen sich alle aus, und die Menschen entzünden ein Feuer, um sich zu wärmen und um Essen zuzubereiten.

Kommt immer zu dritt zusammen und legt euch dicht beieinander auf den Boden. Stellt euch vor, dass ihr Teile eines großen Lagerfeuers seid. Ich werde gleich herumgehen, um das Feuer anzuzünden.

Dann bist du eine kleine Flamme, die ganz langsam größer wird. (Berühren Sie alle Kinder am Arm oder an der Hand.) Langsam kannst du höher und höher aufflammen. Richte dich auf und lass Arme, Hände und Kopf die Flammen sein, die immer heller brennen werden. Stell dir vor, dass ein leichter Wind weht, der dir Sauerstoff bringt und die Flammen hin- und herbläst. Ihr drei seid nun das Feuer... Ihr seid ganz stark und hell... An euch können sich die Menschen und Tiere wärmen... Jetzt lasst das Feuer immer größer werden. Stellt euch hin und bewegt euch gemeinsam, wie ein schönes großes Lagerfeuer...

Nun stellen wir uns vor, dass viel Zeit vergangen ist. Die Menschen werden müde und legen kein neues Holz mehr aufs Feuer. Eure Flammen werden kleiner und kleiner. Sinkt auf den Boden und lasst das Feuer ganz zur Ruhe kommen. Spürt, wie euer Körper warm und locker ist.

b) Phantasiereise: Die Quelle

Ziele

Dies ist eine gute Gelegenheit für die Kinder, sich zu erfrischen. Gleichzeitig verbindet sie diese Phantasie mit der Quelle in Abrahams Geschichte. Solche Quellen waren für Abrahams Karawane notwendig, und sie waren sicher immer auch ein Symbol für die zuverlässige Führung von Jahwe.

Altersempfehlung: ab 8 Jahre

Anleitung

Hat jemand von euch schon einmal großen Durst gehabt? Und warum müssen wir jeden Tag ein bis zwei Liter Wasser trinken?

Auf ihrem Weg durch die Wüste waren die Wasserstellen für Abrahams Karawane sehr wichtig. Hier konnten die Kamele ihren Durst stillen, und die Menschen konnten sich erfrischen. Wir wollen uns daran erinnern. Setzt euch bequem hin und schließt die Augen. Atmet dreimal tief aus.

Nun stell dir vor, dass du allein durch die Wüste gewandert bist. Du bist müde, erhitzt und durstig. Vor dir siehst du eine kleine Oase mit großen Palmen und blühenden Büschen. Der Himmel über dir ist wolkenlos und blau. Ganz leise kannst du das Plätschern von Wasser hören ...

Du gehst weiter und kommst an eine Quelle, deren Wasser in einen großen kühlen Teich fließt. Um den Teich stehen Büsche, frisches Gras und Blumen... Geh näher an den Teich heran und schau ins Wasser. Der Teich sieht aus wie eine große, schöne Schüssel. Unten auf dem Boden liegen große und kleine Steine, und oben auf der Wasserfläche spiegelt sich der Himmel und die Sonne wie in einem Spiegel. Geh auf die Knie und halte eine Hand ins Wasser. Spüre, wie angenehm kühl das Wasser ist und spritz es dir auf deine Arme und auf dein Gesicht. Kannst du bemerken, wie gut dich das erfrischt?...

Nun kannst du langsam in den Teich hineingehen. Spüre, wie das Wasser deine Füße und Beine kühlt. Geh so weit hinein, wie du möchtest und spüre, wie deine Haut prickelt und wie du immer wacher wirst. Schöpfe mit der Hand etwas Wasser und trinke es. Spüre das Wasser in deinem Mund, seine Frische und Reinheit. Wenn du das Wasser runterschluckst, kannst du auch bemerken, wie es deine Kehle und deinen Bauch angenehm kühlt. Trink soviel Wasser, wie du möchtest. Trink, bis dein Durst gestillt ist. Spüre, wie das Wasser deinen Körper erfrischt und deinen Geist ...

Wenn du fertig bist, kannst du langsam aus dem Teich herauskommen. Du kannst dich am Rand ins Gras setzen und dich von der Sonne trocknen lassen. Deine feuchte Haut gibt dir ein schönes, frisches Gefühl ...

Nun kannst du dich von der Quelle verabschieden und mit deiner Aufmerksamkeit wieder hierher zurückkehren. Öffne die Augen, recke und strecke dich und atme dreimal tief aus.

c) Gruppenritual: Zusammengehören

Ziele

Wir laden die Gruppe hier zu einem Ritual ein, das die Kinder erleben lässt, welche bedeutende Rolle das Gefühl der Zusammengehörigkeit für die wandernden Israeliten gespielt hat. Für Kinder im Grundschulalter wird das Thema der Zugehörigkeit zur Gruppe immer wichtiger. Wir geben ihnen hier die Chance, sich den anderen nahe fühlen zu können.

Altersempfehlung: ab 8 Jahre

Anleitung

Auf ihren weiten Wanderungen mussten die Männer und Frauen um Abraham gut zusammenhalten. Sie mussten viele Schwierigkeiten meistern, und das konnten sie nur, wenn sie sich gegenseitig gut unterstützten. Sicher hat sich Abraham mit seinen Leuten auch im Kreis zusammengesetzt, um über alles zu sprechen, was am Tag passiert war und über die Ziele, die vor ihnen lagen. Manchmal haben die wandernden Israeliten auch nur so zusammengesessen und sich daran gefreut, dass sie zusammengehörten.

Wir können versuchen, etwas Ähnliches zu erleben.

Setzt euch in einem großen Kreis auf den Boden. Bemerkt, wie ihr euch jetzt fühlt. Seid ihr wach? Müde? Ruhig? Angespannt?

Nun setzt euch ganz gerade hin und atmet tief und ruhig. Fühlt ihr euch jetzt wacher? Aufmerksamer? Bemerkt, wie ihr mit eurem Atem auch Kraft schöpft, die euch locker macht und wach.

Gebt einander die Hände, so dass der Kreis enger wird. Atmet weiter tief ein und aus und vielleicht könnt ihr spüren, dass die ganze Gruppe jetzt noch enger zusammen ist und sich noch kräftiger fühlt.

Haltet einander weiter an den Händen und stellt euch hin. Versucht so zu atmen, dass ihr alle zur selben Zeit einatmet und ausatmet, wie ein einziges großes Lebewesen. Bemerkt, wie ihr noch stärker werdet... mit jedem Atemzug... noch erfrischter... Spürt, wie eure Sorgen weggehen und wie wir uns mit allen verbunden fühlt, wenn wir zusammen atmen... Einatmen... ausatmen... einatmen... ausatmen... Nun lasst die Hände los.

Stell dir vor, dass du ein Baum bist, der an einem sonnigen Platz wächst. Rechts und links neben dir sind all die anderen Bäume. Zusammen bildet ihr einen kleinen Wald. Finde heraus, was für eine Art Baum du bist... Ein Nadelbaum oder ein Laubbaum?... Bist du groß oder klein?

Jetzt bemerke deine Wurzeln. Spüre, wie du mit ihnen fest in der Erde stehst. Spüre, wie deine Wurzeln Wasser und Nährstoffe aus der Erde aufsaugen. Spüre, wie das Wasser in deinem Stamm hochfließt bis in deine Zweige. Lass dieses Wasser des Lebens überall hinfließen. Spüre, wie gut sich das anfühlt.

Nun bemerke, wie gerade dein Stamm ist. Spüre, wie kräftig das Holz ist, eine Schicht über der anderen. Spüre zuerst den Kern deines Stammes, dann all die anderen Schichten darum herum, bis du deine Rinde spürst. Spüre die Stärke deines Holzes, das dich vor Verletzungen schützt...

Jetzt spüre deine Zweige, deine Blätter oder Nadeln. Spüre, wie sie hoch in den Himmel ragen und bemerke die Sonne, die dir von oben Kraft gibt, die dir gibt, was du brauchst, um zu wachsen.

Bemerke, wie sich deine Blätter oder Nadeln zum Licht ausstrecken und spüre die Wärme des Sonnenlichtes.

Nun kannst du auch den leisen Wind spüren, der durch dich hindurchgeht. Bemerke, wie sich deine Zweige bewegen können, ohne zu brechen. Du weißt, dass du auch einen Sturm überstehen kannst, ohne dass deine Äste abbrechen.

Spüre, wie lebendig der ganze Baum ist, wie du mit der Erde verbunden bist und mit dem Himmel, in einem großen, wunderbaren Kreislauf.

Und nun kannst du dieses Gefühl von lebendiger Kraft in dir behalten und wieder du selbst sein. Nimm die Hände der Kinder neben dir und fang an, mit den anderen Kindern zu summen. Lass deinen Atem beim Ausatmen zu Tönen werden, die sich mit den Tönen der anderen Kinder verbinden. Du kannst an die Wüste denken, durch die Abraham gezogen ist, und an die Stimmen der Tiere. Lass dich überraschen, wie dieser besondere Gruppengesang klingen wird. (1 Minute)

Jetzt lasst die Hände der Kinder neben euch wieder los und legt euch auf den Boden. Legt eure Hände flach auf den Boden und stellt euch vor, dass unter euch der Boden der Wüste ist. All die Kraft, die ihr vorher in euch aufgesammelt habt, kann jetzt in die Erde hineinfließen. Ihr könnt euch mit der Erde verbunden fühlen, und ihr könnt wissen, dass ihr immer wieder neue Kraft aus dieser Erde schöpfen werdet. Ihr könnt euch angenehm entspannen und darauf vertrauen, dass es diesen schönen Kreislauf gibt von Ruhe und Kraft, von Kraft und Frieden. Und nun stellt euch zum Schluss noch einmal hin. Auch die Kinder in dieser Gruppe können gut zusammenhalten, wie die Leute um Abraham. Ich möchte, dass einer von euch anfängt und das Kind neben sich in die Arme nimmt. Diese Umarmung soll einmal im Kreis herumwandern.

V. Karawane der Hoffnung (1. Mose 12 und 13)

Ziele

Zum wagemutigen Weg des Abraham treten weitere Spiele, die erneut innere Bilder wecken und schon bekannte vertiefen.
Altersempfehlung: ab 7 Jahre

Lernvoraussetzungen

1. Mose 12 und 13 sollte den Kinder durch Erzählung bereits bekannt sein.

Benötigte Materialien

Kassettenrekorder mit eingebautem Mikrophon, Orff-Instrumente zum Klangspiel, sowie der nachstehende Kehrvers mit gesprochenen Zwischenteilen.

1. Gesungener Karawanen-Kehrvers mit Ostinato-Unterstimme

Text und Musik:
Wolfgang Longardt

Gesprochene Zwischenverse, zu denen Klang- und Geräuschmalerei treten kann (Schritte, Feuerknistern, Kettenklänge u. ä.)

1. Heiß war der Weg und Wasser war rar,
    Abraham brachte Gott Dankopfer dar,
    baute Altäre und betet' um Kraft,
    wenn eine Wegstrecke wieder geschafft ...
    (Kehrvers mit Ostinato)

2. Knechte und Vieh, die lenkte er treu,
   Abraham hoffte auf Gott täglich neu,
   nachts unter Sternen zum Himmel er sah,
   Gottes Versprechen war wieder ganz nah ...
   (Kehrvers mit Ostinato)

3. Brunnen und Trank, selbst Weideland auch,
   neu aufgefüllt wurden Krüge und Schlauch,
   wie unter unsichtbar schützender Hand
   kam man nach Kana ins fruchtbare Land ...[18]
   (Kehrvers mit Ostinato)

Ausführungshinweise zum Kehrvers

Begleitet von leisen Schrittgeräuschen der Kinder könnte mit dem Ostinato begonnen werden, erst dann setzt man nach einigen Wiederholungen
die Oberstimme des Kehrverses dazu, denn inhaltlich ist sie wie eine Antwort auf die Frage im Ostinato-Gesang: »Abraham, verzagst du nie?«

2. Karawanen-Hörspiel

Anleitung

Ich möchte mit euch heute wieder ein kleines Hörspiel machen: Ein
Karawanen-Hörspiel.

Unser gesungener Kehrvers, den wir gerade eingeübt haben, und die
gesprochenen Zwischenverse sollen darin vorkommen.

So haben wir schon den richtigen Ablauf des Ganzen. Aber bevor wir
mit unseren Kassetten-Aufnahmen anfangen, sollt ihr ein paar Minuten
Karawanengeräusche ausprobieren.

Wenn ihr zum Beispiel von den Orff-Glockenspielen die Metallplatten
abnehmt und sie in den Händen lose gegeneinander schlagt, dann hört
sich das wie Geräusche von Ketten oder Werkzeugen aus Metall an.
Schritte oder andere Geräusche könnt ihr auf den Tambourins ausprobieren oder Feuergeräusche mit Knistern von Cellophanpapier. Ich gebe
euch jetzt etwas Zeit zum Erfinden der Geräusche und Klänge.

(Nach gut 10 Minuten sind die Kinder bereit zur Aufnahme.)

Ich glaube, ihr habt allerlei erfunden und probiert, jetzt kann unser Steg-
reif-Hörspiel anfangen. Wir brauchen aber heute wie beim richtigen
Radio einen Ansager oder eine Ansagerin für unser Hörspiel ...

(Nachdem diese und andere Rollen, etwa die der Sprecher von Zwischenversen, verteilt sind, beginnt die Aufnahme, zu der sich alle dicht um das Aufnahmegerät scharen. Nach ein oder zwei Wiederholungen und verbesserten kleinen Neuaufnahmen könnte es gelingen, dass zum Beispiel auch mit leise beginnendem Ostinato und anschwellenden Karawanengeräuschen ein wirkliches Näherkommen der Karawane zu hören ist. Vielleicht gelingen auch Rast-Szenen und schließlich das In-die-Ferne-Ziehen mit stets leiser werdenden Klängen und Geräuschen.)

Altersempfehlung: ab 7 Jahre

Anmerkung
In Versuchen mit Schulklassen wollten die Kinder sogar den funkelnden Sternenhimmel darstellen (mit Triangeln gelingt das!)

3. Weitere Spielvorschläge

a) Anwärmspiel: Danken

Ziele
Abraham hatte allen Grund, Gott dankbar zu sein. Und auch die Kinder in dieser Gruppe haben viele Gründe, dankbar zu sein. In diesem Spiel können sie einander danken für die Hilfe, Freundlichkeiten und Gefälligkeiten, die sie von den anderen bekommen haben.

Altersempfehlung: ab 7 Jahre

Anleitung
Könnt ihr mir sagen, wann ihr zum letzten Mal jemandem »Dankeschön« gesagt habt? ... Könnt ihr mir sagen, ob ihr öfter »Bitte« oder öfter »Danke« sagt? ... Manchmal vergessen wir alle, uns bei den anderen zu bedanken, die uns helfen, die nett zu uns sind, uns mitspielen lassen und uns erfreuen. Zum Glück können wir das nachholen. Steht auf und geht im Raum umher. Wenn ihr ein anderes Kind trefft, dann könnt ihr das Kind anlächeln und einfach »Danke« sagen. Und das Kind zu dem »Danke« gesagt wird, sagt nichts weiter als »Bitte«. (1–2 Minuten) Bleibt dann einen Augenblick stehen. Wenn ihr gleich wieder umhergeht, dann könnt ihr euch überlegen, was einzelne Kinder euch in der letzten Zeit Gutes getan haben. Dann könnt ihr zu diesen Kindern hin-

gehen und ihnen sagen, wofür ihr ihnen danken wollt, z. B.: »Ich danke dir, dass du in der Pause mit mir Ball spielst.« oder »Ich danke dir, dass du mich zu deinem Geburtstag eingeladen hast.« usw.

(Beenden Sie dieses Anwärmspiel, indem Sie selbst zu jedem Kind gehen und sich für irgend etwas bedanken.)

b) Brainstorming: Freude

Ziele

Für die Kinder ist es wichtig, dass sie lernen, sich der Dinge bewusst zu sein, worüber sie sich im Leben freuen. Diese Freude gibt Optimismus und Vertrauen darauf, dass auch die unvermeidbaren Schwierigkeiten bewältigt werden können. Freude hilft, dass wir uns in der Welt zu Hause fühlen können.

Altersempfehlung: ab 7 Jahre

Anleitung

Ich möchte euch zu einem Spiel einladen, bei dem wir all die Dinge nennen können, über die wir uns freuen. Immer ein Kind zur Zeit kann sprechen, dann kommt das nächste Kind an die Reihe, und alle Antworten sind richtig. Wir fangen bei eurer Familie an. Worüber freut ihr euch in eurer Familie? ... (1–2 Minuten; achten Sie bitte darauf, dass die Äußerungen der Kinder von den anderen nicht kommentiert werden.)

Worüber freut ihr euch in eurem Zimmer? ... (1–2 Minuten; und jetzt fahren Sie so fort auch für andere Lebensbereiche: Freunde, Ferien, Natur, Essen, Sport, Lernen, Tiere, Pflanzen, Wetter usw.)

c) Kurzphantasie: Die Blüte

Ziele

An biblischen Gestalten wie Abraham kann uns die innere Ruhe und das Selbstvertrauen beeindrucken. In dieser Qualität sind sie auch für Kinder Vorbild. Kinder wünschen sich oft etwas mehr innere Sicherheit. Wir benutzen diese kurze Phantasie, um ihnen ein schönes Symbol zu schenken, das sie sich immer wieder ins Bewusstsein rufen können.

Altersempfehlung: ab 8 Jahre

Anleitung

Mit welchem Gefühl beginnt ihr morgens einen Tag? ... Was wünscht ihr euch dann? ... Gibt es Tage, an denen ihr euch nicht so gut fühlt? ... Ich möchte euch zeigen, wie ihr euch selbst ein gutes Gefühl geben könnt.

Schließ deine Augen und atme dreimal tief aus. Stell dir vor, dass du eine Blütenknospe bist. Du kannst dir irgendeine Blume aussuchen: eine Rose, ein Gänseblümchen, eine Tulpe, eine Nelke, eine Primel usw. Schau auf die Blüte, wie sie noch geschlossen ist. Und dann kannst du sehen, wie sich die Blüte langsam öffnet. Versuche, ihren Duft zu riechen, und beobachte, wie andere Leute diese schöne Blüte bewundern. Vergiss nicht, diese Blüte auch selbst zu bewundern. Stell dir vor, dass du eine der schönsten und leuchtendsten Blüten bist, die man sich vorstellen kann. Dann kannst du leise zu dieser Blüte sagen: »Ich will immer wieder an dich denken, damit mein Leben auch so schön und leuchtend ist.« Nimm dieses gute Gefühl und bewahre es an irgendeiner Stelle in deinem Körper auf. Vielleicht willst du ganz tief einatmen und dieses gute Gefühl ungefähr da aufbewahren, wo dein Bauchnabel ist... Und nun kannst du deine Augen öffnen und dreimal tief ausatmen.

Theologisch-pädagogische Vorbemerkungen zum Umgang mit den Josefs-Erzählungen

Juden, Christen und Muslime tradieren mit Freude und Engagement die Josefs-Geschichte.

Schon bevor Thomas Mann seinen berühmten Roman »Josef und seine Brüder« schrieb, galt die Josefs-Erzählung als ein kostbares Stück Weltliteratur.

Obschon aus mehreren mündlichen Erzähltraditionen die Handlungsstränge nicht immer nahtlos vom alttestamentlichen Redaktor zusammengefügt wurden, ergibt sich ein faszinierend buntes, dramaturgisch bis zum Wiedersehen der Brüder eindrucksvoll gesteigertes Szenarium.

In Art einer spannenden Novelle erleben wir in großbögiger Form, wie der gute Plan Gottes zum Tragen kommt: Er will das Heil seines Volkes, will es zusammenführen und überleben lassen, dafür ist es wichtig, dass Jakobs Familie nicht den Hungertod erleidet.

Zum anderen erleben wir eine Friedens- und Versöhnungsgeschichte. Am Ende sagt Josef: »Ihr gedachtet, es böse zu machen, Gott aber gedachte, es gut zu machen.«

Wer einen solchen Satz sagt, dem ist der Glaube an den lebendigen, unsichtbaren Gott von Hause aus, durch den Vater Jakob offenbar nachhaltig vermittelt worden. Gewiss hat Josef das Beten gelernt, in ihm ist Gottvertrauen gewachsen, das sich später durch Höhen und Tiefen zu bewähren hat.

Es fällt auf, dass in den Texten von Gott »expressis verbis« erst gegen Ende die Rede ist; damit kommt wohl zum Ausdruck, dass hier sein Wirken und Bewahren, sein Führen und Segnen verborgen geschieht.

In den nachfolgenden Unterrichtsimpulsen wird ein besonderer Akzent auf die Brunnen-Erfahrung des Josef gelegt, als ein Leitmotiv des immer wieder »In-die-Tiefe-Müssens« darf herausgestellt werden, wie Josefs Weg ein Auf und Ab darstellt. Natürlich können wir auch ganz ohne Zweifel davon ausgehen, dass Josef im Brunnen nicht nur geschrien hat, wie jeder es in Todesangst tun wird, nein, dass er auch zu Gott geschrien hat, denn dies hatte ihn Vater Jakob gelehrt. Andernfalls wäre Josefs Satz in 1. Mose 50,20 nicht möglich.

Tiefenpsychologisch bedeutsam ist neben der Brunnen-Erfahrung gewiss auch das wiederholte Auftreten von Träumen (Sprache unseres Unbewussten). Ungestillte Sehnsüchte, Verdrängtes wird im Traum Gestalt, zum Fingerzeig für das dringend Nötige, das heute oder in naher Zukunft zu tun und zu bejahen ist.

Kindern kommt diese Geschichte natürlich auch wegen des Geschwisterkonfliktes ihren eigenen Erfahrungen oft sehr nahe. Dies alles im Spiel auszuleben und zu vertiefen, das ist gewiss ein Stück »Lebenshilfe«, geistige und geistliche Ausrüstung für den eigenen Weg.

VI. Josef – erst verhöhnt und dann verehrt (1. Mose 37–50)

Ziele

Wenn hier zunächst wie in einer Kurzfassung der Handlungsbogen zwischen Josef und seinen Brüdern erzählt und gespielt wird, dann ist Gottes Wirken sehr verborgen; erst am Ende taucht im Satz: »Ihr gedachtet es böse zu machen, aber Gott hat alles gut gemacht« eine religiöse Deutung auf.

Die Kinder sollen etwas vom stillen Wirken Gottes erahnen, und von seinem Willen, Frieden zu schaffen.

Altersempfehlung: ab 7 Jahre

Benötigte Materialien/Medien

Knotenfiguren, spontan zu knoten aus Stoffresten oder Papiertaschentüchern. Beim Knoten entstehen (siehe Bild) über ein oder zwei Finger »orientalisch verhüllte« Gestalten. Reizvoll und phantasieanregend ist, dass diese Art Fingerfiguren keine Gesichter haben, obschon manchmal eine Fingerkuppe sichtbar wird. Aber sie sind rasch geknotet und sehr beweglich.

Josefs neues Gewand sollte aus einem farbigen oder bunten Taschentuch geknotet werden.

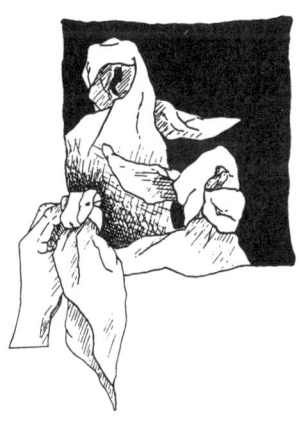

1. Anleitung zu geknoteten Stoff-Figuren

Ich will euch heute von Josef und seinen Brüdern erzählen. Seht, für den Josef habe ich mir schon aus einem kleinen Tuch eine Figur geknotet. Im Orient werden zum Teil heute noch solche weiten, Körper und Kopf verhüllenden Gewänder getragen. Weil das Gesicht dahinter nur zu erahnen ist, bleibt viel Raum für unsere Phantasie.

Ich habe Taschentücher und andere kleine Stoffreste mitgebracht, aus denen ihr euch jetzt Knotenfiguren machen könnt. Schiebt einfach dann ein oder zwei Finger in den großen Kopfknoten und zupft den übrigen Stoff zurecht: Fertig ist eine Spielfigur, vielleicht einer der Brüder des Josef oder einer der orientalischen Kaufleute, die auch in der Geschichte vorkommen.

Das Schöne ist, ihr werdet sehen, dass ihr gleich, während ich erzähle, mitspielen könnt.

2. Erzählvorlage

Dies ist Josef, er hat ein besonders schönes, buntes Gewand an, neu vom Vater geschenkt. Stolz trägt er das Gewand, den Rock, wie man früher auch dazu sagte. Josef geht und besucht gerade seine Brüder (das könnt ihr alle sein, denn die Familie war sehr groß).

»Seht mal alle her, was ich gerade neu vom Vater bekommen habe! Das steht mir doch gut?«

(Anmerkung: Möglicherweise kommt es schon hier, bestimmt aber später, an einigen Stellen zu Spontaneinwürfen der Kinder, denn in Geschwisterauseinandersetzungen »kennen sich viele gut aus«!)

»Ihr könnt ruhig lange oder spöttische Gesichter machen, Vater hat mich eben besonders lieb!«

Die Brüder rufen: »Geh bloß heim, hier machst du dich noch schmutzig. Lass dich bloß nicht so schnell wieder sehen!«

»Ich geh ja gleich, aber ich will noch erzählen, dass ich geträumt habe, ich werde berühmt. Ich war eine Korngarbe, die stand groß und schön in der Mitte, ihr standet drumherum auch als Garben und habt euch vor mir verneigt!«

Die Brüder aber rufen erst leise, dann immer lauter: »Vor dir verneigen wir uns nie, vor dir verneigen wir uns nie ...«

(Alle Kinder spielen das mit, auch den Sprech-Chor!)

Vorschlag weiterer Kurz-Szenen

Nach Kap. 41 und 42 kann erzählt und gespielt werden, wie der Brunnensturz geschieht, ebenso der Verkauf als Sklave nach Ägypten.

Der fleißige Josef steigt nach Jahren sogar zum Minister des ägyptischen Königs auf. Weise lässt er Vorratshäuser für Jahre der Missernten bauen. Als in Kana, wo Josefs Brüder mit dem Vater wohnen, eine Hungersnot ausbricht, wandern die Brüder zum ägyptischen Hof und bitten um Korn aus den dortigen Vorratshäusern.

Wenn sie zum Josef, dem Minister, vorgelassen werden, ist es geboten, sich tief zu verbeugen ...

(Knotenfiguren auf der Hand können sich gut beugen.) Endlich kommt es zur Versöhnung mit den Brüdern. »Ihr gedachtet es Böse zu machen, aber Gott hat alles gut gemacht.« Nun ist Frieden unter ihnen. Sogar ein Wiedersehen mit dem Vater gibt es ...[19]

3. Weitere Spielvorschläge

a) Anwärmspiel: Herr und Sklave

Ziele

Wir greifen das Motiv auf, dass Josef als Sklave nach Ägypten verkauft wurde, und lassen die Kinder beide Rollen spielen, die Herrenrolle und die Sklavenrolle.
Altersempfehlung: ab 8 Jahre

Anleitung

Ihr habt gehört, dass Josef als Sklave nach Ägypten verkauft wurde. Er war dann ein so tüchtiger Sklave, dass er die Freiheit bekam und von den Ägyptern wichtige Aufgaben erhielt.

Könnt ihr euch vorstellen, wie schwer es ist, ein guter Sklave zu sein? ... Kommt immer zu zweit zusammen. Einer von euch soll der Herr sein, der andere soll der Sklave sein. Probiert aus, wie ihr miteinander zurechtkommt. (2 Minuten)

Nun wechselt die Rollen. (2 Minuten)

b) Kreative Bewegung: Familienbilder

Ziele

Josef und Benjamin sind die jüngsten Kinder und zugleich auch die Lieblingssöhne von Jakob. Damit ist eine Problematik angesprochen,

die alle Kinder interessiert. Wenn die Eltern Lieblingskinder haben, dann führt das leicht zu vorübergehenden oder auch dauerhaften Spaltungen in der Familie. Wir geben den Kindern Gelegenheit, sich auf relativ einfache Weise mit der Problematik des Lieblingskindes in der biblischen Geschichte und im eigenen Leben auseinanderzusetzen.
Altersempfehlung: ab 8 Jahre

Anleitung
Teilt euch bitte in zwei Gruppen auf ...
Ihr sollt gleich Jakobs Familie als lebendes Bild stellen. Dazu gehören: der Vater Jakob, die erste Frau Lea und die zehn Kinder, die Jakob mit Lea hatte. Außerdem die beiden jüngsten Söhne Jakobs Josef und Benjamin, deren Mutter Rachel bei der Geburt des letzten Kindes (Benjamin) gestorben ist. Stellt alle diese Personen so hin, dass der Betrachter versteht, wie es in dieser Familie zugeht. Überlegt, wie dicht ihr die einzelnen Personen zusammenstellen wollt und in welcher Haltung ihr sie zeigen wollt.
(Lassen Sie die Gruppen an verschiedenen Stellen ihre Skulpturen vorbereiten und geben Sie ggf. Hilfestellung. Anschließend sollen die beiden Gruppen ihre Skulpturen im Plenum zeigen.)
Nun können wir dasselbe mit unseren eigenen Familien machen. Wer möchte ein Bild von seiner eigenen Familie aufstellen?
(Lassen Sie nacheinander Skulpturen stellen von Familien mit einem Kind, zwei Kindern, drei Kindern usw. Fragen Sie bei den Familien mit mehreren Kindern nach, ob es dort auch »Lieblingskinder« gibt.)

c) Phantasiereise: Angst vor dem Unbekannten

Ziele
Josef, der als Sklave nach Ägypten verkauft wird, erscheint als Mensch mit großem Selbstvertrauen und natürlich auch mit großem Gottvertrauen. Er ist in der Lage, sich flexibel auf die großen Veränderungen in seinem Leben einzustellen.
Auch für Kinder ist es heute wichtig, dass sie sich auf Veränderungen einstellen, auf die Geburt von Geschwistern, auf Todesfälle, Umzüge, Schulwechsel, Scheidungen usw. Hinzu kommt, dass sich das soziale und ökonomische Umfeld der Kinder ständig ändert und zu vielen Befürchtungen Anlass bietet. Diese Phantasie kann den Kindern helfen, sich auf Veränderungen in ihrem eigenen Leben einzustellen.
Altersempfehlung: ab 8 Jahre

Anleitung

Setzt euch bequem hin und schließt die Augen. Atmet dreimal tief aus. Nun stell dir vor, dass du an einem Platz bist, wo du dich wohl fühlst. Das kann zu Hause bei dir in der Wohnung sein oder irgendwo draußen im Freien, an einem Platz, den du kennst oder den du dir wünschst. Stell dir genau vor, wie dieser Platz aussieht und spüre, wie wohl und sicher du dich dort fühlst. Sei eine Weile an diesem Platz und bemerke, was du dort tust. Stell dir vor, dass du einen Mantel trägst, in dem du dich ganz behaglich und sicher fühlst. Welche Farbe soll dieser schützende Mantel haben?

Jetzt erblickst du etwas, was vorher nicht an diesem Platz war. Es ist eine Tür oder ein Tor. Sieh diese Tür oder das Tor ganz deutlich vor dir. Geh langsam auf die Tür zu und öffne sie. Du wirst irgendetwas Neues vor dir sehen, wenn du durch die Tür schaust. Und wenn du dann durch sie hindurchgehst, kommst du an einen Ort, an dem du noch nie im Leben warst...

Bemerke dort alle Einzelheiten. Zum Glück trägst du einen Zaubermantel, und so kannst du dich ganz sicher fühlen. Überlege einen Augenblick, was du an diesem neuen Platz tun möchtest. Vielleicht willst du auch etwas sagen oder eine Frage stellen.

Merke dir alles, was du dort entdeckt hast, und komm langsam mit deiner Aufmerksamkeit hierher zurück. Atme dreimal tief aus und öffne deine Augen wieder.

d) Kreisgespräch: Etwas Neues in meinem Leben

Ziele

Hier können Sie den Kindern Gelegenheit geben, über Veränderungen zu sprechen, auf die sie sich einstellen mussten.
Altersempfehlung: ab 9 Jahre

Anleitung

Oft passieren überraschende Dinge in unserem Leben, Dinge, die wir uns nicht gewünscht haben. Ein Mitglied der Familie wird krank, die Familie muss umziehen, wir verlieren einen Freund, die Eltern trennen sich, ein Elternteil wird arbeitslos usw. Ich möchte, dass immer ein Kind zur Zeit erzählt, was für Veränderungen es in seinem Leben gegeben hat und was ihm geholfen hat, damit fertigzuwerden.

VII. Josef im Brunnen
(1. Mose 37)

1. Imaginations- und Monologspiel

Ziele
Mit all ihren Phantasiekräften sollen die Kinder sich in die Lage Josefs hineinfühlen, um das Symbol des »In-die-Tiefe-Müssens« als eine Schlüsselerfahrung seines Weges eindrücklich zu erspüren: Allein, getrennt vom geliebten Vater, in trostloser Dunkelheit – und doch nicht von Gott verlassen.
Altersempfehlung: ab 8 Jahre

Lernvoraussetzung
Die Josefsgeschichte ist den Kindern nach 1. Mose 37 bis zum Augenblick, in dem die Brüder Josef in die alte Zisterne, einen leeren Brunnen geworfen haben, erzählt.

Benötigte Materialien/Medien
keine; evtl. beim späteren Monologspiel Tafelanschrieb der erfundenen Gedanken und Monologsätze Josefs.

Anleitung
Ich denke, ihr habt noch in Erinnerung, wie Josefs Brüder den Plan fassen, den kleinen Träumer und Liebling des Vaters in einen alten Brunnen, in den Schlick dort unten zu werfen.

Bestimmt hat sich Josef gewehrt, aber die großen Brüder waren stärker. Nun lag er dort unten im Dunkeln, um sich schmieriger Schlick.

Ich möchte euch vorschlagen, dass ihr wieder die Augen schließt, um euch vorzustellen: Wie es im dunklen Brunnen riechen mag, wie sich alles anfühlt, was Josef wohl jetzt tun wird?

Nach ein paar Minuten erzählt ihr mir, was ihr vor eurem inneren Auge gesehen, und was ihr euch vorgestellt habt.

(Nach etwa 5 Minuten der Imagination tragen die Kinder ihre Vorstellungen zusammen.)

Ja, es ist möglich, dass Josef nicht nur geschrien hat, sondern dass er auch zu Gott um Hilfe gerufen hat. Sein Vater mag ihn das Beten gelehrt haben.

Erfindet doch einmal kleine Gebetssätze für Josef. Ihr könnt sie dann an die Tafel schreiben. Wir wollen uns vorstellen, was Josef im dunklen Brunnen sagt, geschwiegen hat er bestimmt nicht.

(Die Kinder finden kleine Gebets- oder Monologsätze, die wir Josef in den Mund legen könnten, bei denen er auch denkt: »Soll ich hier unten sterben?«)

Aber er muss nicht im dunklen Brunnen bleiben. Die Brüder ziehen ihn heraus und verkaufen ihn als Sklaven an eine ägyptische Karawane (vgl. 1. Mose 37,25–28).

Impuls

Im Rollenspiel etwas geübte Kinder sprechen zuweilen richtige kleine Monologe Josefs, – unterbrochen von Hilfe- und Gebetsrufen: »Hört mich denn niemand hier? Gott, hörst du mich ...?«

2. Weitere Spielvorschläge

a) Anwärmspiel: Ausbrechen

Ziele

Auch Kinder erleben immer wieder Situationen, die psychologisch vergleichbar sind mit dem Aufenthalt Josefs im Brunnen. Sie fühlen sich gefangen und gelähmt. In diesem Spiel erinnern wir sie an die Kraft des Humors und des Lachens, die uns helfen können, auch schwierige Dinge in einem anderen Licht zu sehen.

Altersempfehlung: ab 8 Jahre

Anleitung

Ich möchte euch zu einem Spiel einladen, und das geht so: Stellt euch alle in einem Kreis auf, einer dicht neben dem anderen. Ein Freiwilliger geht in die Mitte. Die Kinder im Kreis machen alle ein sehr ernstes, vielleicht sogar grimmiges Gesicht. Ihr könnt euch vorstellen, dass der Kreis etwas Ähnliches ist wie der Brunnen, in dem Josef gefangen war. Manchmal fühlen wir uns auch so eingeschlossen von einem Problem, von einer Situation, und wir wissen nicht, wie wir da rauskommen können. Das Kind in der Mitte möchte aus diesem Gefängnis ausbrechen, und ich will jetzt verraten, wie das geht: Es muss versuchen, irgendeines dieser ernsten Kinder zum Lachen zu bringen. Und wenn ihm das gelingt, muss das Kind, das angefangen hat zu lachen, den Kreis öffnen, und das gefangene Kind kann an dieser Stelle hinausgehen. Dann werden alle kräftig Beifall klatschen. Das gefangene Kind kann alles tun, um euch zum Lachen zu bringen, aber es darf niemanden berühren.

b) Kurzphantasie: Der Goldhelm

Ziele

Dies ist eine schöne, Sicherheit gebende Metapher, die die Kinder auch im Alltagsleben benutzen können, wenn sie sich selbst von einer schwierigen Umwelt besser abgrenzen wollen. (Bringen Sie das Bild eines Ritterhelms mit Visier mit.)
Altersempfehlung: ab 8 Jahre

Anleitung

Manchmal haben wir Angst, und wir möchten uns vielleicht schützen. Wir möchten vielleicht unempfindlicher sein gegenüber bösen Worten oder feindlichen Blicken. Dazu könnt ihr folgendes tun: Ihr stellt euch einfach vor, dass ihr einen wunderschönen goldenen Helm tragt und dass ihr das Visier herunterklappt. Mit diesem Helm seid ihr sicher vor allen feindlichen Einflüssen anderer. Ihre Worte oder Blicke können durch diesen goldenen Schutz nicht hindurchkommen, sondern prallen einfach davon ab.

Jetzt können wir ausprobieren, wie es sich anfühlt, wenn ihr einen solchen Helm in der Phantasie tragt. Stellt euch im großen Kreis auf und zählt immer bis 2 ab. Alle Kinder mit der Zahl 1 sollen sich gleich vorstellen, dass sie einen solchen goldenen Schutzhelm tragen. Außerdem sollen diese Kinder ihre rechte Hand auf die Brust legen.

Alle Kinder mit der Zahl 2 sollen sich in gehässige Kinder verwandeln, die gleich böse Blicke auf die Kinder mit dem Goldhelm werfen.

Beginnt jetzt im Raum herumzugehen, und die Kinder, die einen Zauberhelm tragen, sollen darauf achten, wie er sie schützen kann.

(Anschließend Rollenwechsel.)

c) Rollenspiel: Josef und der Engel

Ziele

Der Aufenthalt im Brunnen ist eine schwere Probe für Josef. Der Aufenthalt in diesem engen Gefängnis lähmt Josef physisch und stellt seine menschliche Reife auf eine schwere Probe: Wird er sich auch geistig-seelisch von diesen widrigen Umständen paralysieren lassen? Diese Gefahr besteht bei jeder Krise, in die wir geraten können. Wenn wir wenig Vertrauen in uns und in schützende Mächte haben, dann reagieren wir mit lähmender Angst.

In diesem Rollenspiel führen wir die Figur eines Engels ein, damit die Kinder erleben können, dass auch in einer schweren Krise der Dialog (als Selbstgespräch oder mit einer anderen Person) unsere geistige Lebendigkeit sichert.

Altersempfehlung: ab 9 Jahre

Anleitung

Kommt immer zu zweit zusammen. Entscheidet, wer Josef sein und wer die Rolle des Engels übernehmen soll. Stellt euch die Situation vor: Josef sitzt unten im Brunnen, über ihm aber schwebt sein Engel, mit dem er über seine Lage sprechen kann. Viele Dinge gehen Josef durch den Kopf: der Verrat durch seine Brüder, ihre Grausamkeit. Aber er fragt sich vielleicht auch, was er selbst dazu beigetragen hat, dass es soweit gekommen ist. Der Engel soll ein guter Gesprächspartner sein und Josef helfen, dass er gestärkt aus dieser schlimmen Situation herauskommen kann.

d) Kreatives Schreiben:
Rezept für einen Bruder oder eine Schwester

Ziele

Kinder mit Geschwistern haben in dieser engen Beziehung die Chance zu üben, mit einem Gleichberechtigten liebevoll und selbstbestimmt umzugehen. Das ist nicht immer leicht. Wir geben den Kindern Gelegenheit, auf humorvolle Weise über dieses Problem nachzudenken.

Altersempfehlung: ab 9 Jahre

Anleitung

Ein Bruder oder eine Schwester können ein Geschenk des Himmels oder eine Plage der Hölle sein. Und das gilt natürlich auch für uns selbst. Wie sieht ein guter Bruder aus? Wie sieht eine gute Schwester aus? Ich möchte, dass ihr ein »Kochrezept« aufschreibt, das die Zutaten aufzählt, die zu einem guten Bruder oder zu einer guten Schwester gehören.

(Geben Sie den Kindern ein Beispiel.)

VII. Josefs langer Weg
(1. Mose 37–50)

Ziele
In immer intensiverem, spielerischen Lernprozess der Identifikation mit Josef, mit seinen Stärken und mit seinen Schwächen, wachsen bei den Kindern innere Bilder, die auch für den eigenen Weg neugierig machen und ermutigen.
Altersempfehlung: ab 7 Jahre

Lernvoraussetzung
Nach 1. Mose 37–50 sind die Kernszenen der Josefsgeschichte bereits erzählt. (Das Lied fasst unter Betonung des Auf und Ab dieses Lebensweges die wesentlichen Ereignisse komprimiert zusammen.)

Benötigte Materialien/Medien
Keine, außer dem nachstehenden Lied

1. Liedvorlage

Text und Musik:
Wolfgang Longardt

schlecht, bald gut er-ging, auf sei-nem Le-bens-weg.

Strophen

1. Er war Va-ters lieb-stes Kind in der gro-ßen Brü-der-schar, Va-ter schenkt ihm ein Ge-wand, bei den Brü-dern Neid ent-stand.

Un-ser Jo-sef prahl-te gern, bis der Zorn der Brü-der wuchs. Ach, so man-cher Streit ent-brannt', der so bald kein En-de fand...

(Refrain)

2. Doch der Vater übersah's, schaut auf Josef nur allein,
   lehrt das Kind ehrfürchtig beten, jeden Tag vor Gott zu treten.
   Manches Mal bald Josef ging zu den Brüdern hin auf's Feld,
   die dort bei den Herden wachten und den Kleinen oft verlachten ...
   (Refrain)

3. Josef, stolz im neuen Rock, wollt' von seinem Traum erzähl'n:
   »Einst werd ihr vor mir euch neigen, mir dem Josef Achtung zeigen.«
   »Ach, du Träumer«, lachten sie, »so etwas passiert doch nie,
   niemals, niemals wird's gescheh'n, dass vor dir gebeugt wir steh'n!«
   (Refrain)

4. Und die Brüder hielten Rat, was mit Josef könnt gescheh'n.
   »Eine Strafe groß und schwer«, meinten sie, »verdient er sehr.
   Der sich fühlt so obenauf, soll vor Angst im Dunkeln zittern,
   steckt ihn in den Brunnen rein, dort kann heulen er und schrein!«
   (Refrain)

5. »Er, der träumte, groß zu sein, so dass man sich vor ihm neigt,
   in den Brunnen wie ins Grab, kommt, wir stürzen ihn hinab.«
   Rasch geplant und schon getan, Josef saß im Brunnenschlick,
   schrie zu Gott in seiner Not: »Kommt kein Retter, bin ich tot!«
   (Refrain)

6. Schrie im Dunkel immer mehr, doch die Brüder spotten sehr:
   »Wolltest groß sein, hochverehrt, kleiner Träumer, was wird nun?«
   Manches Mal in Josefs Leben sollte es ihm so ergehen:
   bald ganz unten, bald ganz hoch, – davon hört ihr vieles noch ...
   (Refrain)

7. Einem Karawanenzug wurde Josef rasch verkauft,
   weit vom Vater er sich fand, Sklave im Ägyptenland.
   Wie vom Vater früh gelernt, rief er voll Vertrau'n zu Gott,
   dient am Hofe mit Geschick, macht als Fremder dort sein Glück.
   (Refrain)

8. Steigt nach ein paar Jahren auf: wird Minister gar am Hof,
   Josefs große Klugheit zeigt, wer vor ihn tritt, tief sich neigt.
   Als des Königs Frau ihn lockt, will er nicht ihr Liebster sein.
   Boshaft hat sie's ausgeheckt, ins Gefängnis man ihn steckt.
   (Refrain)

9. Hat ans Brunnenloch gedacht, – unten tief in Kerkers Nacht!
   Doch der König braucht den Mann, der ihm Träume deuten kann:
   »Hier von allen klugen Leuten kann nur Josef Träume deuten,
   aus dem Kerker holt den Mann, lasst ihn frei, führt ihn heran.«
   (Refrain)

10. Josef spricht: »Die Ernten nutzt, denn es naht viel dürre Zeit,
    Scheunen baut für Korn und Brot, denn es kommt manch' Jahr
        der Not!«
    Korn braucht auch die Brüderschar, ihr Verneigen, das wird wahr:
    Josef sie versöhnend grüßt und mit ihnen Frieden schließt.
    (Refrain)

2. Pantomimen- und Statuenspiel

Ziele
siehe Seite 125
Altersempfehlung: ab 7 Jahre

Lernvoraussetzung
Das Josefslied und die Josefsgeschichte sind bekannt.

Anleitung
Nachdem das Josefslied euch schon vertraut ist und ihr es ganz gut singen könnt, will ich mit euch dazu einige Pantomimen erfinden, die auf
ein Zeichen hin zu stehenden Bildern erstarren. Sie sehen dann aus wie
Denkmäler oder Statuen aus Stein.
Wir versuchen, nachdem wir uns einen Josef gewählt haben, eine wort-
lose Pantomimenszene:
– wie Josef vor seinen Brüdern protzt,
– wie sie ihn in einen alten, schlammigen Brunnen werfen,
– wie sie ihn an Kaufleute einer Karawane verkaufen ...
(Auf ein Klatschzeichen von mir soll jede Pantomime zu einem unbe-
weglichen, starren Bild »einfrieren«.)

Impulse
– Die jeweils zuschauenden Kinder könnten den Standbild-Figuren
kleine Sätze oder Rufe in den Mund legen: »Der steht jetzt so da, als
wolle er sagen: ...« oder ...

– Lassen wir solche Pantomimen und Standbilder in zwei oder mehreren Gruppen erfinden, so ist ein kleines Bettuch als improvisierter Szenenvorhang (an zwei Besenstiele gebunden) hilfreich.

(Etwas gehemmte Kinder kommen »hinter einem Vorhang« zuweilen leichter zu eigenen Darstellungen ...)

IX. Höhen und Tiefen auf Josefs Weg (1. Mose 37–50 / Psalm 23)

1. Zeichenspiel zu Josefs Lebenskurve

Ziele

Statt isoliert nur auf die eine oder andere Situation zu schauen, darf nun – im Sinne gestaltorientierter Arbeit – auf das Ganze des Josef-Weges mit Einfühlungsphantasie gesehen werden, wobei neu die Frage hinzutritt, was ihn gestärkt und »getragen« haben mag?

Anhand der Psalmverbindung tritt die Thematik des Gebets in guten und bösen Tagen hinzu.

Altersempfehlung: ab 8 Jahre

Voraussetzungen

Die Josefsgeschichte ist als Ganzes bekannt.

Benötigte Materialien / Medien

Wachsmalstifte, Zeichenpapier
Tafelanschrieb Psalm 23 in Auswahl

Anleitung

Vor einiger Zeit habe ich mit euch das Lied »Hänschen-Klein« wieder gesungen. Ihr erinnert euch, dass da von sieben Jahren die Rede war, in denen Hans weit weg gewesen ist. Die Jahre wurden beschrieben mit »trüb und klar«! Was kann damit alles gemeint sein?

Nicht nur das Wetter wechselt auf unserem Lebensweg ...

(Die Kinder nennen vielleicht Beispiele von Glück oder Unglück.)

Es gibt einen Psalm, der beschreibt Helles und Dunkles auf unserem Lebensweg. Ich habe ihn an die Tafel geschrieben und klappe den Text jetzt auf. (Vorlesen von Psalm 23.)

Welche Hoffnung hat der Beter dieses Psalms auch für die dunklen Tage?

Wenn wir uns nun wieder an Josef erinnern, so weiß jeder von euch: Josefs Weg ging auf und ab, durch helle und durch dunkle Tage.

Ich möchte, dass jeder für sich auf Papier eine Kurve von Josefs Weg in hellen und dunklen Farben malt. Ich gebe euch 10 Minuten Zeit.

(Danach erklären die Kinder einander ihre Josef-Lebenskurve.)

Obwohl in weiten Teilen der Josefsgeschichte nicht direkt davon berichtet wird, dass Josef tiefes Vertrauen zu Gott hat, ahnen wir: Von zuhause, von seinem Vater muss er wohl etwas über Gottes Nähe und Hilfe gelernt haben. Das ist ihm »Stecken und Stab«, wie »Stock und Hut«.

Erfindet einmal darum kleine Gebetssätze (mal ein Dankgebet, mal eine Bitte um Hilfe) und ordnet das euren Lebenskurven zu bis zum Ende der Geschichte, an der alles gut wird.

(Nachdem die Kinder manche Gebetssätze auch vorgelesen haben, wird am Schluss an den Josef-Satz 1. Mose 50,20 erinnert.)

Ich glaube, Josef war dankbar für Gottes geheimes Wirken und Helfen auf seinem Weg, denn nach dem Tod des Vaters sagt er: »Ihr gedachtet, es böse zu machen, aber Gott hat alles gut gemacht ...«[20]

E. Dritter Praxisteil:

Bibelnahe und motivähnliche
Weg-Geschichten

I. Der Gruß des Papageien

Ziele
Die Kinder sollen für die Tiere in Gottes Schöpfung und deren Bedürfnisse sensibilisiert werden.

Biblische Assoziationen
Römer 8,19 (»... das ängstliche Harren der Kreatur wartet ...«), Psalm 36,7 b (»Herr, du hilfst Menschen und Vieh ...«)
Altersempfehlung: ab 7 Jahre

Benötigte Materialien
Neben der nachfolgenden Geschichte aus Persien ausreichend Computerrestpapier zum Reißen der Spielfiguren

1. Erzähl- oder Vorlesetext

Der Gruß des Papageien

Ein Kaufmann aus Bagdad bereitete sich auf eine Reise nach China vor und schrieb die Aufträge seiner Freunde und Hausgenossen in einer Liste auf.
Er hatte einen Papagei, und zu diesem ging er auch und sagte zu ihm: »Ich will jetzt verreisen, wenn du einen Auftrag hast, dann sage ihn mir, damit ich ihn ausführe.«
Der Papagei entgegnete: »Mein Auftrag ist der, gehe im Lande China zu einem gewissen Garten, wo du auf jedem Baum eine Anzahl meines Volkes erblicken wirst, denen bringe meine Grüße dar und berichte ihre Antwort.«
Der Kaufmann machte sich nun auf und reiste nach China.
Nachdem er gehandelt und verkauft und sich der Aufträge seiner Freunde entledigt hatte, wollte er seine Rückreise antreten. Da fiel ihm der Auftrag seines Papageien ein, er kehrte um und gelangte schließlich zu

dem Garten, wo er auf jedem Baum eine große Anzahl buntgefiederter Papageien sah. Da sagte er mit lauter Stimme: »Ich habe einen Papagei, der schon fast zwölf Jahre lebt, und dieser Papagei lässt euch Grüße übersenden.«

Sogleich kam ein Papagei vom Baum herunter, fing an zu zappeln und fiel wie tot auf den Boden. Der Kaufmann dachte, dies wäre vielleicht ein Zeichen, und nahm ihn auf, goss ihm etwas Wasser in die Kehle und legte ihn traurig in die Sonne. Nach Verlauf einer Stunde begann er wieder seine Federn zu ordnen und flog auf den Baum zurück.

Darauf brach der Kaufmann auf und fuhr in sein Vaterland zurück. Nachdem er alle Angelegenheiten mit seinen Freunden erledigt hatte, ging er zu dem Papagei und sprach: »Ich habe den Garten mit den vielen Papageien besucht und ihnen deine Grüße bestellt, doch kaum hatte ich ausgeredet, fiel sofort einer von ihnen auf den Boden, so dass ich glaubte, er sei tot. Doch nach einer Stunde flog er wieder auf den Baum zurück.«

Kaum hatte der Papagei diese Worte vernommen, da fiel er von seiner Stange auf die Erde. Er begann die Augen zu verdrehen und seinen Schwanz einzuziehen. Der Kaufmann war erstaunt, öffnete den Käfig und nahm den Papagei heraus, goss ihm etwas Wasser in die Kehle und legte ihn auf das Dach in die Sonne. Er bedauerte nun, dem Papagei die Botschaft mitgeteilt zu haben.

Nach einer Stunde begann er wieder zu leben; er flog auf einen Baum und ging dort auf einen hohen Ast, wo er es sich recht bequem machte. Der Kaufmann holte erfreut den Käfig und sagte: »O Papagei, du hast nun ein neues Leben erlangt, komm wieder in den Käfig und erzähle uns, was geschah.« Der Papagei erwiderte: »Ich war eine Zeitlang in deiner Gefangenschaft und suchte durch dich von meinem Volk einen Befreiungsweg zu erfahren, und so stellte ich mich auf den Rat meiner Brüder tot, wurde aus dem Gefängnis befreit und fand nun ein neues Leben, nun werde ich nimmermehr in die Gefangenschaft zurückkehren.« Sprach's und flog davon.

2. Reißbild-Figurenspiel

Altersempfehlung: ab 7 Jahre

Anleitung

Nachdem ich euch die Papageien-Geschichte vorgelesen habe, bitte ich euch, bei geschlossenen Augen die Bilder der Handlung euch nochmals vorzustellen. Vielleicht seht ihr die wichtigsten Augenblicke der Geschichte vor eurem inneren Auge?

(Die Kinder erzählen von ihren inneren Bildern.)

Vielleicht habt ihr es schon einmal probiert: Aus Papier kann man – ganz ohne Schere – nur mit der Hand Figuren reißen; sie bekommen grobe, urige, aber lustige Formen.

(Die Kinder versuchen, den reisenden Kaufmann, mehrere Papageien sowie Bäume und einen Käfig zu reißen, das macht viel Spaß.)

Jetzt haben wir genügend Figuren; wir können versuchen, unsere Geschichte auf dem Fußboden nachzuspielen; die Figuren lassen sich leicht schieben und hin- und herbewegen.

(Am Ende der Spielversuche freuen sich die Kinder mit, wenn der Haus-Papagei des Kaufmanns in Freiheit ist!)

Impuls

Ein Gespräch kann sich anschließen über die wirklichen Bedürfnisse der Tiere in Gottes Schöpfung. Als fühlende, empfindsame Menschen können wir herausfinden, dass sie mehr brauchen als nur Futter.

(Gelegentlich entwickeln sich aus solchen Gesprächen auch erfundene Phantasie-Texte der Kinder, in denen sie den Tieren, deren Sehnsüchten und Wünschen Worte geben. Zuweilen sind das fast Klage-Gebete der Tiere, die an Römer 8,19 erinnern ...)

3. Weitere Spielvorschläge

a) Anwärmspiel: der Panther

Ziele

In diesem Bewegungsspiel geben wir den Kindern Gelegenheit, sich mit verschiedenen gefangenen Tieren zu identifizieren.

Altersempfehlung: ab 7 Jahre

Anleitung

Habt ihr schon Tiere beobachtet, die in einem Käfig oder in einem Gehege gehalten werden? Im Zirkus? Im Zoo? In der Landwirtschaft? Zu Hause? ... Was habt ihr da beobachtet?

Ich möchte, dass ihr selbst ausprobiert, wie es diesen Tieren geht. Steht auf und stellt euch vor, dass ihr ein schöner, schwarzer Panther seid, der in einem engen Zirkuswagen gehalten wird.

Geht in diesem rollenden Käfig herum und macht immer vor den Gittern Halt ...

Jetzt seid ein Elefant, der in einem Tierzelt angekettet steht: Zeigt mir, welche Bewegungen ein solcher Elefant machen kann ...

Jetzt seid ein Hamster, der in einem kleinen Käfig lebt: Wie bewegt sich der Hamster im Käfig? ...

Jetzt stellt euch vor, dass ein Kind den Hamster in der Wohnung laufen lässt: Was macht der Hamster nun? ...

Nun stellt euch vor, dass ihr ein Papagei seid, der in einem kleinen Käfig auf der Stange sitzt: Zeigt mir die Bewegungen des Papageis ...

b) Rollenspiel: Der Kanarienvogel im Käfig

Ziele

Dies ist eine Gelegenheit, etwas Mitgefühl mit Tieren zu entwickeln.
Altersempfehlung: ab 8 Jahre

Anleitung

Kommt immer zu fünft zusammen. Ein Kind soll der Kanarienvogel sein und vier Kinder sind der Käfig. Die vier Kinder stellen sich im Rechteck auf, und der Kanarienvogel ist in der Mitte. Der Kanarienvogel spricht mit dem Käfig, und der Käfig antwortet.

Nach einer Weile kann ein anderes Kind der Kanarienvogel sein.

Was hat der Kanarienvogel dem Käfig zu sagen? Ist er zufrieden mit seinem Leben? Möchte er frei sein? Bietet der Käfig Schutz? Ist er ein Gefängnis?

c) Kreative Schreiben: Selbstbild als Tier

Ziele

Gerade für Kinder bieten Tiere eine gute Möglichkeit zur Identifikation. Im Verhalten und in den Bedürfnissen des Tieres können sie sich selbst wiedererkennen. Sowohl ihre Spontaneität als auch ihre Unterlegenheit den Erwachsenen gegenüber spiegeln sich im Wesen des Tieres.
Altersempfehlung: ab 8 Jahre

Anleitung

Schließt einen Augenblick die Augen und stellt euch vor, dass vor euch eine weiße Leinwand ist. Lasst die Leinwand allmählich heller werden, so dass ihr darauf zwei Tiere erkennen könnt. Merkt euch, welche Tiere da erscheinen. Öffnet nun wieder die Augen.
Ihr könnt euch jetzt vorstellen, dass ihr euch in eines der Tiere verwandelt. Beschreibt euch als dieses Tier. Wo lebt ihr? Wie ernährt ihr euch? Was macht ihr den ganzen Tag? Welche Eigenschaften habt ihr? Welche besonderen Merkmale? Mit wem seid ihr befreundet? Wer ist euer Feind? Wieviel Spaß habt ihr? Was möchtet ihr lernen? ...
(Am besten probieren Sie dieses Spiel selbst aus und geben den Kindern ein Beispiel, wie Sie sich selbst als Tier beschreiben würden.)

d) Kreative Bewegung: Nonverbale Kommunikation

Ziele

Die Papageien verständigen sich ohne Worte auf symbolische Weise. Der Kaufmann ist nicht in der Lage, die Symbolik der Tiere zu verstehen. Die Kinder können zeigen, dass sie sehr wohl in der Lage sind, symbolische Aktionen richtig zu deuten.
Altersempfehlung: ab 8 Jahre

Anleitung

In unserer Geschichte erzählen die freien Papageien dem gefangenen Papagei ohne Worte, mit welchem Trick er seine Freiheit erlangen kann. Ich möchte euch zu einem Spiel einladen, bei dem ihr auch ohne Worte zeigen könnt, dass ihr euch versteht.
Stellt euch im Kreis auf. Ein Kind geht in die Mitte und tut irgend etwas, ohne Worte zu gebrauchen: Es kann bei einem Fußballspiel zusehen, es kann seine Zähne putzen, es kann im Kino sitzen und einen Film sehen,

es kann Fußball spielen. Wer von den Zuschauern im Kreis verstanden hat, was das Kind tut, kann ebenfalls anfangen, dieselbe Sache zu machen. Nach einiger Zeit kann das Kind in der Mitte irgendein anderes Kind, das etwas tut, auf die Probe stellen und fragen: »Was tust du gerade?«

Anschließend kann ein anderes Kind in die Mitte gehen.

II. Weg-Entscheidungen

Ziele
Klare und ganze Entscheidungen sind auf unserem Weg nötig, aufgeschobene oder halbherzige Entscheidungen lähmen. Das gilt für unser soziales Umfeld wie auch für die persönlichen religiös-ethischen Entscheidungen und Wege der Glaubensbildung.

Biblische Assoziationen
Mt 7,14 (»Der Weg ist schmal, der zum Leben führt«) Lk 1, 79 (»Richte unsere Füße auf den Weg des Lebens«);
Mt 5,37 (»Eure Rede sei Ja, Ja; Nein, Nein«);
1. Könige 18,21 (»Wie lange hinkt ihr auf beiden Seiten?«)
Altersempfehlung: ab 8 Jahre

Benötigte Materialien
Die nachstehende Traum-Geschichte sowie stilisierte Pappfiguren (siehe Skizze);
Overheadprojektor mit Folienauflage, auf die jede Weg-Szene mit Kreuzung und Wegweiser als Kulisse aufgemalt werden kann. (Die Schattenfigur wird über die bemalte Folienauflage geschoben.)

1. Erzählvorlage: Spielbare Traum-Geschichte[21]

Ein Mensch, wie du und ich, will seinen eigenen Weg ins Leben gehen, morgen früh will er aufbrechen. Am Abend verabschiedet er sich von den Eltern und Freunden. Sie wünschen ihm viel Gutes für seinen Weg und machen ihm Mut: »Schau immer nach vorn, sei klug und überleg dir gut, was du machen willst. Und welchen Weg du auch gehen willst, geh ihn mit ganzer Kraft.«
Noch ein letztes Mal schlief er daheim, sein Wandergepäck war fertig; im Morgengrauen, noch wenn alle schliefen, dann wollte er aufbrechen.

In der Nacht hatte er einen Traum: Er sah sich auf dem Weg, neugierig auf alles, was kommen würde. Im Kopf hatte er noch die Worte der Freunde und Eltern: »Welchen Weg du auch gehen willst, geh ihn mit ganzer Kraft!«

In seinem Traum ist er nun schon lange unterwegs, da kommt er an einen Wegweiser: Der Weg teilt sich dort in zwei Richtungen.

Jetzt überlegt er, er geht ein paar Schritte auf dem Weg nach links, kommt zurück, schaut wieder auf den Wegweiser. Dann geht er ein paar Schritte in die Richtung nach rechts. Doch er kommt wieder zurück und steht nachdenklich vor dem Wegweiser: »Welche Richtung soll ich wagen?«

Er erinnert sich an die guten Worte bei seinem Abschied: »Sei klug, überlege dir, was du tust. Welchen Weg du auch gehen wirst, geh' ihn mit ganzer Kraft.«

Er überlegt und überlegt, was auf dem alten Wegweiser steht, das ist nicht mehr zu lesen. Er möchte einen Weg gehen, der sich lohnt, keinen langweiligen!

Da kommt ihm der Gedanke: »Soll ich vielleicht zuerst den Weg nach rechts ein Stück gehen und dann umkehren, um hier von der Wegkreuzung dann den linken Weg zu probieren?«

Immer wieder fragt er sich: »Geh' ich dahin, geh' ich dorthin? Geh' ich dahin, geh' ich dorthin?«

Er kann sich einfach nicht entscheiden, zum einen Weg »Ja« zu sagen, zum anderen »Nein«. Was aber nun?

Zurückgehen zu den Freunden, zurückgehen zu den Eltern? Das mag er auch nicht, jetzt ist er schon so weit gewandert, er will das Unbekannte entdecken und mutig allein.

Da geschieht etwas Rätselhaftes: Eine Hälfte von ihm wandert den Weg nach links, die andere Hälfte geht den Weg nach rechts.

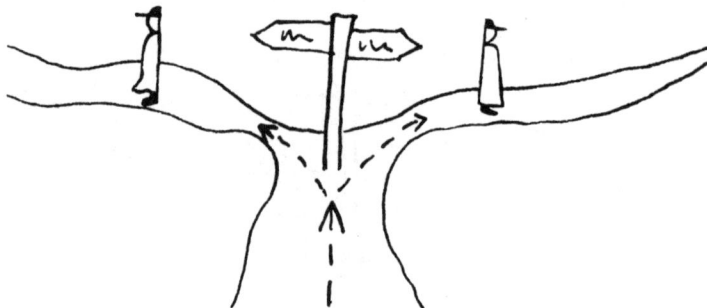

Die beiden Hälften verlieren sich aus den Augen, jeder Weg geht über Berge und Täler. Überall gibt es Gefahren, aber auch viel Schönes zu entdecken.

Da führen die beiden Wege doch noch wieder zueinander. Die beiden Hälften können wieder zu einem Ganzen werden und gemeinsam einen Weg gehen. Aber sie machen eine böse Entdeckung: Eine Hälfte scheint sich verändert zu haben, beide Hälften passen nicht mehr zusammen!

Das Weiterwandern ist mühsam, bald ein Humpeln und Hinken, bald ein Fallen und Aufstehen.

Es ist ein Sich-Weiter-Schleppen, und jeder Wanderer, der auf dem Weg vorbeikommt, wundert sich über das traurige Bild ...

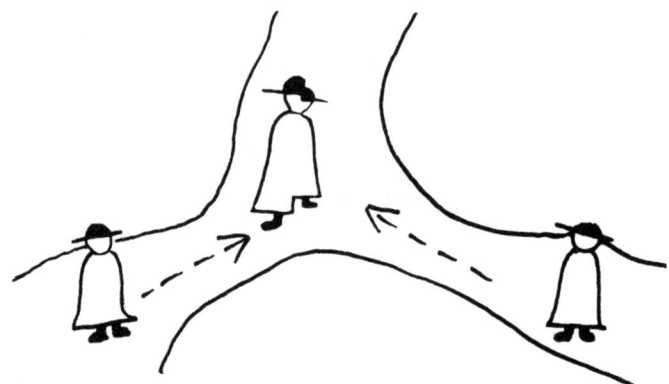

Beim Aufbrechen am frühen Morgen beschäftigt ihn der seltsame Traum, aber mutig schreitet er aus.

Und als er an die erste Wegkreuzung mit zwei Möglichkeiten des Weiterwanderns gekommen ist, was macht er da?

2. Auswertungsgespräch und Nachspiel

Altersempfehlung: ab 9 Jahre

Anleitung

Ihr habt das kleine Traumspiel gesehen, die Figur stand lange zögernd vor der Weggabelung.

Pappfiguren auf dem Projektor lassen sich zerteilen, aber wie ist das mit uns Menschen?

(Die Kinder äußern ihre Meinungen und Gefühle.)

Stellt euch nun vor, am Morgen nach diesem Traum nimmt der junge Mensch wirklich Abschied und geht allein in die Welt.

Ich gebe jetzt einem von euch eine ganze, ungeteilte Figur für das Schattenspiel vom Weg. Wie mag es nun gehen, wenn der große Wegweiser kommt; bitte spielt das einmal.

(Ein Kind schiebt die Figur den Weg voran, an der Kreuzung wählt es nach einigem Zögern den linken oder rechten Weg.)

Wenn ihr euch an Abraham erinnert, wo gab es für Abraham einen Moment, sich zu entscheiden, welchen Weg er gehen wollte?

(Die Kinder erinnern sich an mehrere Situationen.)

Wo gab es für Josef Momente und Situationen, wo Josef sich entscheiden musste?

(Die Kinder erinnern sich an mehrere Situationen.)

Fällt euch ein Beispiel ein, wo es auf eurem eigenen Lebensweg auch »halbe Entscheidungen« geben kann, nicht JA nicht NEIN?

(Vielleicht finden die Kinder Beispiele, etwa vom Sich-Durch-Mogeln ohne klare Entscheidung?)

a) Anwärmspiel: Entscheidungen

Ziele

Kinder mit geringem Selbstbewusstsein haben oft Angst davor, Fehler zu machen. Sie glauben, dass ein Fehler Unfähigkeit zeigt. Sie sind nicht unbefangen genug, in Fehlern eine interessante Lernchance zu sehen.

Wenn wir das Selbstbewusstsein der Kinder fördern wollen, müssen wir ihnen viele Gelegenheiten geben, bei denen sie Entscheidungen treffen können. Dieses Spiel hat eine klassische Struktur, es lässt die Kinder das eigene Entscheidungspotential spüren.

Altersempfehlung: ab 9 Jahre

Anleitung

Unsere Geschichte zeigt, dass wir oft wählen müssen. Wir müssen uns entscheiden, ob wir links oder rechts gehen, ob wir Kakao oder Saft trinken wollen, ob wir mit Hans oder Oskar befreundet sein wollen. Oft sagt uns eine innere Stimme sehr schnell, was wir wollen. Ich möchte mit euch ein Spiel ausprobieren, bei dem ihr auf diese innere Stimme hören könnt.

Stellt euch in der Mitte des Raumes zusammen. Ich werde euch lauter Entscheidungsfragen stellen. Wenn ihr die erste Möglichkeit wählt, dann stellt ihr euch ans Fenster, wenn ihr die zweite Möglichkeit wählt, dann stellt ihr euch an die Wand.

– Magst du lieber Rot oder Blau?
– Wärst du lieber ein Fahrrad oder ein Auto?
– Hörst du lieber Michael Jackson oder Take That?

(Erfinden Sie weitere Fragen nach diesem Muster. Außerdem können Sie von Zeit zu Zeit immer einige Kinder fragen, warum sie sich so und nicht anders entschieden haben.

Jedesmal, wenn die Kinder »mit den Füßen abgestimmt« haben, sollen sie wieder in der Mitte zusammenkommen, damit sie sozusagen aus einer neutralen Position ihre Entscheidung nach der einen oder anderen Seite deutlich machen können.)

b) Interaktionsspiel: Intuition

Ziele

Viele Entscheidungen können wir nur mit Hilfe unserer Intuition treffen, weil unser analytischer Verstand zu wenig Informationen hat, um eine ganz und gar rationale Entscheidung zu treffen. Darum ist es gut, wenn die Kinder immer wieder Gelegenheit haben, auch ihre Intuition bei Entscheidungen zu benutzen. Dieses Spiel bietet eine spannende Möglichkeit, eine Entscheidung zu treffen.

Sie brauchen einen Pfennig.
Altersempfehlung: ab 8 Jahre

Anleitung

Wer von euch genießt es, wenn er sich entscheiden kann? Worüber entscheidet ihr besonders gern? Was sagt ihr zu euch selbst, wenn ihr eine falsche Entscheidung getroffen habt? Wer von euch sagt manchmal: »Ich bin doch ein Dummkopf«, oder etwas Ähnliches?

Es gibt manchmal Entscheidungen, bei denen wir sozusagen »aus dem Bauch heraus« entscheiden müssen, weil wir die richtige Lösung eines Problems nicht kennen können. Ich will euch zu einem Spiel einladen, wo ihr entscheiden könnt, ohne Genaues zu wissen.

Setzt euch im Kreis zusammen. Drei Kinder gehen in die Mitte. Zwei Kinder sind das Versteck, und ein Kind ist der Sucher. Der Sucher geht vor die Tür, und eines der beiden anderen Kinder versteckt das Pfennigstück bei sich: Es kann die Münze in der Hand halten, in die Tasche stecken, sich daraufstellen usw. Dann kommt der Sucher wieder herein und darf raten, welches Kind den Pfennig hat. Es wird dann einfach sagen: »(Oliver), du hast den Pfennig.« Wenn das Kind den Pfennig hat, zeigt es ihn und sagt: »Wie hast du das rausgefunden?« Der Sucher kann dann versuchen, die Frage zu beantworten.

Anschließend können drei andere Kinder in die Mitte gehen und zusammen einen neuen Versuch machen.

(Geben Sie mehreren Trios Gelegenheit, ihre Intuition zu üben.)

c) Kreisgespräch: Fehler, aus denen man lernt

Ziele

Jedes Kind hat das Recht, Fehler zu machen, ohne dafür getadelt oder lächerlich gemacht zu werden. Jeder Erwachsene weiß, dass er die wichtigsten Dinge im Leben aus »Fehlern« gelernt hat. Der Erwachsene weiß auch, dass Fehler unser Durchhaltevermögen anstacheln und unsere Kreativität. Kleine Kinder lernen automatisch aus Fehlern, aber Kinder im Grundschulalter sind oft innerlich unsicher und auf Fehlervermeidung bedacht. In dieser Gesprächsrunde können die Kinder vor allem voneinander lernen, ihre Angst vor Fehlern abzubauen.

Altersempfehlung: ab 9 Jahre

Anleitung

Setzt euch im Kreis zusammen. Ich möchte, dass immer einer von uns von einem Fehler berichtet, den er gemacht hat und aus dem er etwas Wichtiges gelernt hat. (Überlegen Sie, ob Sie selbst das Eis brechen wollen und ein Beispiel aus Ihrer Kindheit erzählen.)

III. Jüdisches Märchen: Sich verkriechen – oder sich neu auf den Weg machen?

Ziele

Ähnlich dem Erleben der Maus in diesem Märchen nehmen Kinder oft schon mehr schreckliche und negative Nachrichten auf als positive. Doch im Sichaneignen dieser Hoffnungsgeschichte und im Vertiefen können Kinder Ermutigung erfahren, um selbst hoffnungmachende kleine Anzeichen positiver Wandlung wahrzunehmen. Gottes Kraft schenkt neue Anfänge von Frieden, von Versöhnung ...

Biblischer Textbezug

Lk 17,21 (»Das Reich Gottes ist mitten unter euch ...«);
MT 13,24 (»Das Himmelreich ist gleich einem Mann, der guten Samen säte ...«)
Altersempfehlung: ab 7 Jahre

1. Erzählvorlage mit eingefügtem gesungenen Kehrvers

Unter all den vielen Tieren, die der Schöpfer des Lebens, der Herr aller Dinge, geschaffen hatte, war auch eine kleine, graue Maus.
Sie sah aus wie alle anderen Mäuse: zwei kleine Mäuseohren, zwei Mäuseaugen, eine Mäusenase, ein Mäusebärtchen und ein Mäuseschwanz, äußerlich wie alle anderen Mäuse. Und doch war es mit dieser grauen Maus etwas Besonderes: Sie war neugierig, immer wieder Neues zu entdecken.
Am liebsten wollte sie dazu alle Türen ihrer Seele gleichzeitig auftun, doch weil dies für eine kleine Maus viel zu anstrengend ist, da ging sie so vor:
Am ersten Morgen, als sie sich auf den Weg machte, um Neues in der Welt zu entdecken, beschloss sie, als Tür ihrer Seele die Augen ganz weit zu öffnen, sie wollte ganz Auge sein. Man stelle sich vor: Eine winzige

*Maus, mit ihren noch winzigeren Mäuseaugen wollte ganz Auge sein!
Sie probierte es!*

*Sie lief hierhin und lief dorthin. Sie guckte und schaute, sie guckte und
schaute, und sie sah schöne Dinge an einem Tag, an dem sie ganz Auge
war: Sie sah die Sonne, die Weite des Himmels, sie sah blühende Wiesen,
Bäume und Sträucher, sie sah lachende Menschen, spielende Kinder.*

*Aber je länger der Tag dauerte, da sah sie auch Tränen und Leid unter
der Sonne, sie sah Hunger und Not, Krieg und großes Unrecht. Da überkam sie große Angst, sie zitterte bis auf den Grund ihrer Seele und lief
zurück zu ihrem Mauseloch, um sich am liebsten für immer vor all dem
Schrecklichen zu verkriechen, verkriechen, verkriechen ...*

*Vor ihrer Seele stand die Frage: Gibt es in der Welt mehr Dunkles als
Helles, mehr Böses als Gutes? Vor Angst wollte sie nie wieder eine Tür
ihrer Seele weit aufmachen.*

*Lange lag sie zitternd in ihrem Mauseloch nach dem Tag, an dem sie
ganz Auge gewesen war. Sie konnte keinen Schlaf finden. Doch da
geschah es: Sie glaubte eine Stimme zu hören, eine Stimme vom Himmel,
eine Stimme wie eine Melodie:*

Text und Melodie:
Wolfgang Longardt

*Da schlief sie endlich in Frieden ein; und am andern Morgen, o, Wun-
der, da war die Angst von ihr abgefallen, wie ein Mantel, der ihr nicht
mehr gehörte.*

*Sie wollte doch wieder das Mauseloch verlassen, in das sie sich gestern
verkrochen, verkrochen, verkrochen hatte. Sie war doch wieder neugierig, sich auf den Weg zu machen, um Neues zu entdecken. Sie streckte
sich, sie rieb sich die Mäuseaugen, sie blinzelte in den neuen Tag, putzte*

sich ihr Mäusebärtchen und überlegte: »Heute will ich als Tür meiner Seele meine Ohren weit öffnen, heute will ich ganz Ohr sein!«

Man stelle sich vor: Eine winzige Maus mit ihren noch winzigeren Mäuseohren möchte ganz Ohr sein! Sie probierte es. Sie lief hierhin und lief dorthin. Sie horchte und lauschte, horchte und lauschte, und sie hörte schöne Dinge, an dem Tag, an dem sie ganz Ohr war.

Sie hörte das Lachen der Menschen, Lieder spielender Kinder, sie hörte den Bach murmeln, den Wind singen, das Zwitschern der Vögel.

Aber je länger der Tag dauerte, desto mehr hörte sie auch Weinen und Klagen, Schmerzensrufe und Hilferufe, sie hörte Streit und Kriegslärm, sie hörte, was alles zum Himmel schreit auf dieser Welt.

Da überkam sie große Angst, sie zitterte bis auf den Grund ihrer Seele und lief zu ihrem Mauseloch, um sich am liebsten für immer vor all dem Schrecklichen zu verkriechen, verkriechen, verkriechen ...

Vor ihrer Seele stand die Frage: Gibt es in der Welt mehr Dunkles als Helles, mehr Böses als Gutes? Vor Angst wollte sie nie wieder eine Tür ihrer Seele aufmachen.

Lange lag sie zitternd in ihrem Mauseloch und konnte keinen Schlaf finden. Doch da geschah es: Sie glaubte eine Stimme zu hören, eine Stimme vom Himmel, eine Stimme wie eine Melodie:

Text und Melodie:
Wolfgang Longardt

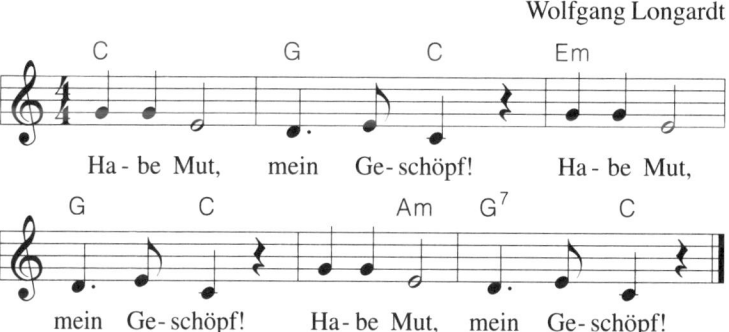

Da schlief sie endlich in Frieden ein; und am andern Morgen, o, Wunder, da war die Angst von ihr abgefallen, wie ein Mantel, der ihr nicht mehr gehörte.

Sie wollte doch wieder das Mauseloch verlassen, in das sie sich gestern verkrochen, verkrochen, verkrochen hatte. Sie war doch wieder neugie-

rig, sich auf den Weg zu machen, um Neues zu entdecken. Sie streckte sich, sie rieb sich die Mäuseaugen, sie blinzelte in den neuen Tag, putzte sich ihr Mäusebärtchen und überlegte: »Heute will ich als Tür meiner Seele einmal weit meine Nase öffnen, heute will ich ganz Nase sein!«

Man stelle sich vor: Eine winzige Maus mit ihrer noch winzigeren Mäusenase möchte ganz Nase sein! Sie probierte es. Sie lief hierhin und lief dorthin. Sie roch und schnupperte, sie roch und schnupperte, und sie roch Schönes an dem Tag, an dem sie ganz Nase war. Sie roch den Duft der Blumen, sie roch frisches Brot, sie roch Käse und Speck. Aber je länger der Tag dauerte, desto mehr roch sie auch, was alles in dieser Welt zum Himmel stinkt.

Da überkam sie große Angst, sie zitterte bis auf den Grund ihrer Seele und lief zu ihrem Mauseloch, um sich am liebsten für immer vor allem, was zum Himmel stinkt, zu verkriechen, verkriechen, verkriechen ...

Vor ihrer Seele stand wieder die Frage: Gibt es in der Welt mehr Dunkles als Helles, mehr Böses als Gutes? Vor Angst wollte sie nie wieder eine Tür ihrer Seele aufmachen.

Lange lag sie zitternd in ihrem Mauseloch und konnte keinen Schlaf finden. Doch da geschah es zum dritten Mal: Sie glaubte eine Stimme zu hören, eine Stimme vom Himmel, eine Stimme wie eine Melodie:

Text und Melodie:
Wolfgang Longardt

Da schlief sie endlich in Frieden ein; – aber nicht lange, denn vor ihrer Seele stand alles, was ihr Angst gemacht hatte, als sie ganz Auge, ganz Ohr und ganz Nase gewesen war.

Da richtete sie sich mitten in ihrem Mauseloch, in das sie sich vor Angst verkrochen, verkrochen, verkrochen hatte, auf und fing an, gen Himmel zu klagen, gen Himmel zu rufen, gen Himmel zu schreien: »Du, Herr alles Lebens, weißt du, was auf der Welt alles zum Himmel stinkt, hörst du, was alles zum Himmel schreit, siehst du alle Tränen und alles Schreckliche unter der Sonne?«

Und als sie das alles herausgeklagt, herausgerufen, herausgeschrien hatte, da war ihr schon viel besser.

Aber nun wartete sie, ob eine Antwort geschähe.

Und es geschah zu ihr eine Antwort, wie eine Stimme vom Himmel, die sprach: »Ich kenne alle Tränen unter der Sonne, ich höre alles, was zum Himmel schreit, ich merke, was alles zum Himmel stinkt. Aber glaubst du, du hättest die Wirklichkeit wahrgenommen?«

Da empörte sich die kleine Maus, und sie rief: »Das habe ich doch wirklich gesehen, wirklich gehört und wirklich gerochen?«

»O, nein«, sprach die Stimme, »vielleicht hast du nur hier und da am Vordergrund geschnuppert, da ein wenig hingehört, da etwas hingeschaut.

Ich will dir neuen Mut geben, dass du dein Mauseloch verlässt und dich wieder neugierig auf den Weg machst. Aber ich will dir Augen schenken, die mehr sehen, Ohren, die tiefer hören, und eine Nase, die heute schon Spuren findet, wo die Welt sich verwandelt: Wo wie aus kleinem Samen eine Pflanze von Frieden wächst, wo mitten in Traurigkeit einer tröstet, wo mitten im Hass zwei oder drei sich versöhnen. Mach dich auf den Weg, dass du diese Spuren findest, Spuren von Hoffnung und Frieden!«

So sprach die Stimme vom Himmel, und die kleine Maus staunte: »O, da habe ich ja ein Geheimnis erfahren, gleich morgen will ich mich wieder auf den Weg machen mit neuen Augen, neuen Ohren und eine Spürnase, die entdeckt, wo die Welt anfängt, sich zu verwandeln ...«

Und ob man es glaubt oder nicht: Mitten im dunklen Mauseloch, in das sie sich vor Angst verkrochen, verkrochen, verkrochen hatte, da fühlte sich die kleine Maus nun wie *beflügelt!*

Ob es das geben kann: eine Maus – wie beflügelt? Doch, das kann es geben beim Herrn und Schöpfer aller Dinge. ER kann verwandeln ...

(In der Praxis hat es sich bewährt, zur Vorbereitung und Einstimmung auf das jüdische Märchen, in dem jemand mehrfach eine Ermutigung braucht, die wir ihm gemeinsam zusingen sollen, dass der kleine Kehrvers »Habe Mut, mein Geschöpf« mit den Kindern ein wenig eingeübt wird.

Damit ist nichts vorweggenommen, im Gegenteil, es ist eine Art Neugier-Impuls gegeben: In welchen Situationen wird da jemand neuen Mut brauchen? Danach folgt das nach mündlicher Überlieferung frei nacherzählte jüdische Märchen einschließlich der gesungenen Zwischenverse ...)

2. Imaginations- und Handgravurspiel

Ziele
siehe Seite 147
Altersempfehlung: ab 7 Jahre

Anleitung
Um herauszubekommen, welche Szenen des Märchens für euch selbst besonders wichtig und eindrücklich gewesen sind, schließt bitte die Augen und wartet, welche Bilder vor eurem inneren Auge auftauchen: Welche Situation ist euch besonders wichtig?
(Die Kinder tauschen ihre Bilderinnerungen zuerst in Zweier- oder Dreiergruppen aus, dann im Plenum der Klasse oder Gruppe. Dabei wird vermutlich dann nur noch über die in den Hauptszenen immer wieder benannten Gefühle gesprochen.)
Anschließend will ich euch zu einem ganz besonders interessanten Spiel auffordern, es nennt sich Handgravur-Spiel.[22]
Unsere Innenhandfläche ist sehr empfindlich: Wenn wir mit dem Zeigefinger der anderen Hand etwa einen Kreis oder einen Baum hineinmalen, hineindrücken, dann spüren wir hinterher bei geschlossenen Augen dieses Bild. Öffnen wir wieder die Augen, ist es aber nicht zu sehen, wir spüren es nur eine kurze Zeit – unter Umständen aber sehr deutlich!
Diesen Spielversuch will ich mit euch jetzt machen.
Drückt bitte bei geschlossenen Augen mit dem Zeigefinger der einen Hand die Form einer Höhle in die andere Handfläche, so wie ein Künstler etwas in Metall hineindrückt, hineingraviert. In die Höhle setzt die kleine, verängstigte Maus, wie sie sich dorthin verkrochen hat. (Ein bis zwei Minuten Stille)
Nun öffnet eure Augen wieder und erzählt einander, wie sich das Bild in eurer Hand angefühlt hat. (Ein bis zwei Minuten)

Ihr wisst vom guten Ende unserer Geschichte, die Maus bekommt viel neuen Mut, sie will Gottes Spuren finden.

Macht bei geschlossenen Augen eine neue Handgravur: Die Maus hat die Höhle voller Hoffnung verlassen ...

3. Weitere Spielvorschläge

a) Anwärmspiel: Maus sucht Maus

Ziele

In diesem Vertrauensspiel sind viele Elemente aus der Geschichte symbolisch zusammengefasst. Die Neugier der Maus, ihre Gefährdung, ihr Vertrauen und das gute Ende. Die Kinder lieben dieses Spiel.

Altersempfehlung: ab 7 Jahre

Anleitung

Die Maus in unserem Märchen ist sehr, sehr neugierig, und auch wenn sie manchmal verzweifelt ist – ihre Neugier wird immer wieder wach.

Außerdem ist diese Maus sehr daran interessiert, sich gründlich zu informieren. Sie sammelt nicht nur gute Nachrichten, sondern auch schlechte.

Und schließlich ist diese Maus auch optimistisch. Auf jeden Fall hat Gott ihr geholfen, dass sie ihren Optimismus behalten kann.

Ich möchte euch zu einem Spiel einladen, bei dem immer zwei von euch sich in eine Maus verwandeln können. Stellt euch in einem großen Kreis auf. Zwei von euch können in die Mitte gehen und sich die Augen verbinden lassen. Ihr seid zwei blinde Mäuse. Ihr sollt euch finden und dürft euch mit eurer Mäusestimme zupiepsen. Wenn ihr euch gefunden habt, nehmt ihr euch in die Arme, und damit habt ihr vielleicht etwas gefunden, was die Maus in der Geschichte auch noch suchen muss. Die Kinder im Kreis passen auf, dass ihr euch nicht verlauft, und beschützen euch.

b) Geschichten erzählen: Die Fortsetzung des Märchens

Ziele

Die Maus soll nicht nur am »Vordergrund schnuppern«, sondern etwas tiefer suchen. Die Kinder können auf dem Wege des kooperativen Erzählens versuchen, die Geschichte weiterzuerzählen.

Altersempfehlung: ab 8 Jahre

Anleitung

Die Geschichte mit der Maus geht natürlich noch weiter, aber das Märchen hört hier auf. Was könnte die Maus denn vielleicht finden, was ihre neue Hoffnung bestätigen würde, so dass sie vielleicht sagt: »Diese Erde ist doch ein guter Platz.«

Wir wollen alle zusammen die Geschichte weitererzählen. Ich habe einen Zauberstab mitgebracht, der uns dabei helfen kann. Wer den Zauberstab in der Hand hält, der darf die Geschichte einen Satz weiterbringen und sich davon überraschen lassen, wie der Zauberstab ihm Mut zum Sprechen und interessante Ideen gibt. Wer gesprochen hat, kann den Zauberstab einem anderen Kind weitergeben. Genausogut kann sich aber auch ein anderes Kind selbst den Zauberstab nehmen und der Geschichte dann einen Satz hinzufügen.

c) Interaktionsspiel: Neugier

Ziele

Die Vitalität der Maus ist ihre Neugier und ihre quirlige Suche nach Erkenntnissen. In diesem Spiel bestätigen wir das Recht der Kinder auf Neugier und geben ihnen Gelegenheit, damit zu experimentieren.

Am besten ist es, wenn Sie für jedes Kind einen alten Schlüssel haben. Sonst können Sie die Kinder aus Goldpapier irgendeinen schönen Phantasieschlüssel ausschneiden lassen.

Altersempfehlung: ab 8 Jahre

Anleitung

Die Maus in der Geschichte ist sehr, sehr neugierig. Sie hat große Ohren, große Augen und eine weit geöffnete Nase. Ihr dürft auch gleich so neugierig sein. Ich gebe jedem von euch einen Schlüssel, und wer einen Schlüssel in der Hand hat, darf ganz neugierig sein. Wir werden dann im Raum umhergehen. Ihr könnt jedem anderen Kind oder mir Fragen stellen, die ihr bisher nicht gestellt habt. Wer darauf antworten will, antwortet. Wer nicht antworten will, sagt einfach »Ich will auf diese Frage nicht antworten.«

(Spielen Sie dieses Spiel so lange, wie Energie in der Gruppe ist. Es ist ganz natürlich, wenn nicht alle Kinder in gleicher Weise beflügelt werden.)

d) Musikphantasie: Sich verbunden fühlen

Ziele

Wenn die Maus ihre Lektion richtig gelernt hat, dann wird sie sich mit Menschen und Tieren, Pflanzen und Sternen, mit der ganzen Welt verbunden fühlen und nicht mehr das Bedürfnis haben zu beurteilen, was gut oder was schlecht ist in der Welt. Dieses Empfinden einer Verbundenheit können wir schwer mit Worten vermitteln. Wir vertrauen darum auf die Kraft der Musik und kombinieren sie mit einer geleiteten Phantasie.

Sie brauchen schöne Instrumentalmusik, vorzugsweise aus dem Barock. (Vorschlag: Händel, »Aria« von der CD: Anne Lelkes spielt die goldene Harfe«; zyx-classic, CLS 4130)

Altersempfehlung: ab 9 Jahre

Anleitung

Wir haben von der Maus gehört, dass sie ihre Ohren ganz weit öffnen kann, aber wir haben nicht gehört, dass die Maus einmal probiert hat, ganz aufmerksam Musik zu hören. Vielleicht ist das auch eine Möglichkeit, die Welt besser zu verstehen.

Setzt euch ganz bequem hin und schließt die Augen. Nachher werde ich Musik spielen, und ihr könnt anfangen, eure Ohren weit zu öffnen. Jeden Ton und jedes Instrument, die Melodien und die Harmonien, ihr könnt die Musik mit eurem ganzen Körper hören. Wenn ihr wollt, könnt ihr die Töne auch einatmen. Lasst euch ganz von der Musik einhüllen.

Dann könnt ihr euch vorstellen, dass auch andere Menschen dieses Stück gern gehört haben, Menschen aus anderen Zeiten, Menschen, die ihr nicht kennt. Dann könnt ihr die Verbindung spüren zu den Menschen, die in eurer Nähe leben, zu den Menschen in unserem Land, zu den Menschen in anderen Ländern, die die Musik auch gerne hören. Lasst die Musik ein Band weben, das euch mit allen Menschen auf der Welt verbindet, mit den Kindern hier in der Gruppe, mit eurer Familie, mit den Menschen auf der anderen Seite der Erdkugel.

Gleich werde ich die Musik spielen lassen…

(Wenn das Stück zu Ende ist, fordern Sie die Kinder bitte auf, die Augen zu öffnen. Sie können die Gefühle, die die Kinder beim Musikhören hatten bildlich ausdrücken lassen, indem Sie einfach sagen: »Nehmt euch ein Blatt Papier und ein paar Ölkreiden und malt eure Gefühle und Gedanken beim Hören der Musik.«)

IV. Märchen:
Vom Land ohne Ecken und Spitzen

Ziele
In der Phantasie der Kinder soll ein Stück neue, andere Welt schon jetzt Gestalt gewinnen, in der Sanftmut geübt wird.

Biblische Assoziationen
Mt 5,5 (»Selig sind die Sanftmütigen ...«), Offenbarung 21,4 (»Gott wird abwischen alle Tränen, es wird sein weder Leid noch Schmerz ...«)
Altersempfehlung: ab 8 Jahre

Benötigte Materialien
Keine, außer der nachfolgenden Erzählung, zu deren Vertiefung lediglich pantomimisch gearbeitet wird

1. Vorlesegeschichte mit gesungenem Kehrvers[23]

Giovannino war ein großer Reisender, er reiste von Ost nach West, von Süd nach Nord, und war er gerade heimgekehrt, so freute er sich schon wieder auf die nächste Reise in ein fremdes, neues Land.
Doch einmal kam er in ein Land, da war alles anders.
Schon an der Grenze staunte er über das Schild mit dem Namen des Landes. War er von anderen Grenzen viereckige Schilder gewohnt mit geraden Buchstaben, so sah er hier ein rundes Schild, wo mit sanft schwingendem Schriftzug geschrieben stand »Land ohne Ecken«.
Das machte Giovannino neugierig. Und wie staunte er, als er die Häuser sah. Wo in anderen Ländern die Dächer mit spitzen Giebeln endeten und die Hausecken kantig und scharf waren, sah er hier abgerundete Hausecken und Giebel, die mit einem sanften Buckel endeten.
Wenn aber Giovannino besonders staunte, dann musste er singen, und so geschah es. Er sang:

Text und Musik:
Wolfgang Longardt

Schau an, schau an, wie wun - der - sam!

Wo in anderen Ländern die Gärten mit ihren Zäunen eckig angelegt waren, sah er hier runde Gärten. Von einer schön rund geschnittenen Rosenhecke pflückte er sich vorsichtig eine Rose ab. Doch als er den Stiel spürte, waren da keine Dornen, sondern nur kleine biegsame, weiche Spitzen!

Gerade wollte er diese seltsame Rose in ein Knopfloch stecken, da tauchte hinter der Hecke ein Schutzmann auf.

Er sagte: »Wissen Sie nicht, dass bei uns das Abreißen von Blumen verboten ist?« – »Nein«, meinte Giovannino, »ich bin ja fremd hier!«

Der Schutzmann holte sein Notizheft heraus und nahm seinen Stift dazu, er wollte einen Strafzettel schreiben. »Wenn Sie hier fremd sind«, sagte er, »dann kostet es nur die halbe Strafe.«

Giovannino sah erstaunt, dass der Stift vorn nicht etwa spitz war, sondern eine runde, weiche Kuppe hatte. Dann fiel sein Blick auf den Degen des Schutzmanns.

»Ach, kann ich bitte mal ihren Degen sehen«, sagte er. Bereitwillig zog der Schutzmann den Degen aus der Scheide. Vorn aber endete der nicht etwa spitz und scharf, so dass jemand damit verletzt werden könnte, nein, er endete mit weicher, runder Spitze. Da musste Giovannino vor Staunen erneut singen:

Text und Musik:
Wolfgang Longardt

Schau an, schau an, wie wun - der - sam!

Jetzt wollte er es aber genau wissen und fragte: »Was ist dies hier für ein seltsames Land?«

Der Schutzmann reckte sich, zog die Uniform gerade und gab zur Antwort: »Dies ist das Land ohne Ecken und Spitzen« – dabei betonte er jedes Wort so, als sollte man es großschreiben. »Aber bitte, nun bezahlen Sie Ihre Strafe. Geben Sie mir zwei Backenstreiche.«

Verblüfft fragte Giovannino: »Ich Ihnen? Sie müssten mir doch die Backenstreiche zur Strafe geben, alles andere wäre doch ungerecht.«

»Ja«, gab der Schutzmann zur Antwort, »das ist ungerecht. Aber darum denken die Menschen hinterher länger an eine Missetat, weil sie bei uns ein Unschuldiger auf sich nimmt. Bitte, geben Sie mir jetzt die Backenstreiche.« Dabei hielt er sein Gesicht Giovannino entgegen.

»Nein«, rief Giovannino, »ich werde Sie, eine Amtsperson, doch nicht schlagen, eher würde ich Sie streicheln.«

»Dann«, so sagte der Schutzmann, »dann muss ich Sie leider zur Landesgrenze führen.«

Er tat dies aber nicht, ohne mit Giovannino noch einen Rundgang zu machen, so dass der noch einmal die runden Gärten, in denen man hier keine Blumen abreißt, die runden Hausecken und die sanften Giebelbuckel sehen konnte.

Dort, am runden Grenzschild, winkte er Giovannino sogar noch freundlich nach. –

Das Ganze ist nun schon eine Weile her, aber noch immer träumt Giovannino von diesem Land ohne Ecken und Spitzen, wo man auch zu den Blumen sanft sein möchte und ein Unschuldiger Missetaten auf sich nimmt, damit die Menschen sich ändern. Und er wünscht sich, in diesem sanften Land einmal Wohnung nehmen zu können. Ganz leise singt er noch immer:

Text und Musik:
Wolfgang Longardt

Schau an, schau an, wie wun - der - sam!

2. Pantomimische Vertiefung

Anleitung

Ihr habt nun das Märchen gehört, und wir wollen ohne viel Worte pantomimisch eine Welt voller Ecken, Spitzen und Dornen darstellen.

Verteilt euch leise im Raum: Seid nun wie Dornen, wie Ecken und Spitzen.

(Eine Minute stille Aktion)

Ich gehe jetzt durch euch hindurch, ich habe Mühe, mich nicht zu verletzen. Überall sind Dornen und Spitzen, ich wünsche und hoffe aber auf eine neue Welt, in der es sanft zugeht, – ohne Dornen.

Verwandelt euch langsam in eine runde, sanfte Welt. Wo es liebevoller, zärtlicher zugeht. Ich komme und freue mich, dass ich, ohne verletzt zu werden, durch euch hindurch gehen kann. Sanft berühre ich euch, – danke für dieses Spiel!

Ergänzungsimpulse

– Wenn die Kinder nach dem Spiel aufgefordert werden sich in einen Kreis zu setzen, mehrmals tief auszuatmen, dann könnte langsam Mt 5, Vers 5 gelesen und nachgesprochen werden. Vielleicht summen alle nochmals die kleine Melodie »Schau an, schau an, wie wundersam«

– Ist noch Zeit für ein Gespräch, so kann gemeinsam überlegt werden, wieviele Gedanken aus der Bibel in diesem Rodari-Märchen liegen: Von Adam und Eva wird die Vertreibung aus dem Paradies erzählt, von Jesus, dass er stellvertretend für andere, für uns, Schuld auf sich genommen hat. Jesus lobte die Sanftmütigen, er sprach vom neuen Reich Gottes, dessen Spuren wir jetzt schon finden können.

3. Weitere Spielvorschläge

a) Phantasiereise: Angst wegblasen

Ziele

In dem Land ohne Ecken und Spitzen braucht niemand Angst zu haben: Die Rosen haben keine Dornen, und die Polizisten nehmen die Strafen, die sie verhängen, auf sich selbst. Kinder im Grundschulalter finden ein solches Land gewiss faszinierend, weil sie selbst von vielen Ängsten geplagt werden. Sie machen sich Sorgen, ob sie attraktiv genug sind, um in den Cliquen der Gleichaltrigen akzeptiert zu werden. Sie sind beunruhigt, ob sie die Leistungen bringen können, die Eltern und Lehrer von ihnen erwarten. Und sie haben Angst vor Gleichaltrigen und Erwachsenen, die durch Indifferenz oder aggressives Verhalten ihr noch zartes Selbstwertgefühl verletzen können.

Hier bieten wir den Kindern eine kurze beschützende Phantasie an, die ihnen helfen kann, besser mit ihrer Angst vor einzelnen Personen umzugehen.

Altersempfehlung: ab 8 Jahre

Anleitung

Setz dich bequem hin und schließ deine Augen. Stell dir vor, dass du zu Besuch bist im Land ohne Ecken und Spitzen. Du darfst dir dort die Schule ansehen. Die Schulleiterin ist eine freundliche, ältere Frau, die dich durch die Schule führt. Die Türen haben abgerundete Ecken und auch die Fenster sind ganz besonders: Du siehst lauter gewölbte Butzenscheiben.

Dann führt dich die Schulleiterin in ein schönes Klassenzimmer mit einer großen schwarzen Wandtafel. Sie sagt zu dir, dass dies eine besondere Wandtafel ist. Sie hilft den Kindern im Land ohne Ecken und Spitzen, besser mit ihren Problemen zurechtzukommen. Mit dieser Wandtafel können die Kinder ihre Angst kleiner machen. Die Schulleiterin lächelt dir freundlich zu und sagt: »Willst du das ausprobieren?« Dann lässt sie dich allein. Du setzt dich auf einen bequemen Stuhl und atmest dreimal tief aus. Stell dir vor, dass du gleich etwas malst, was dir Angst macht. Zeichne irgendeinen Menschen an die Wandtafel, der dir jetzt einfällt, jemanden, in dessen Nähe du dich manchmal unwohl fühlst, weil du vor ihm Angst hast.

Sieh diese Person ganz deutlich vor dir und bemerke, wie du dich fühlst, wenn du an diese Person denkst...

Nun atme ganz tief ein, tief in deinen Geist, tief in dein Herz. Wenn du ausatmest, stell dir vor, dass du die Angst mit deinem Atem wegbläst. Lass die Person dableiben und blase die Angst weg, die diese Person umgibt. Und vielleicht hat diese Person auch Angst. Atme noch einmal tief ein, und beim Ausatmen kannst du vielleicht sehen, wie die Person anfängt, freundlich zu lächeln. Jetzt kannst du dich sicherer fühlen in der Nähe dieses Menschen. Lass nur soviel von der Angst übrig, wie du auf angenehme Weise aushalten kannst.

Merke dir das Klassenzimmer mit der besonderen Wandtafel gut, damit du in der Phantasie wieder dorthin zurückkehren kannst, wenn du wieder einmal den Wunsch hast, Angst wegzublasen.

Nun kannst du diese schöne Schule verlassen. Sag der freundlichen Schulleiterin Adieu und komm mit deiner Aufmerksamkeit wieder zu uns zurück. Öffne die Augen und reck und streck dich.

b) Phantasiereise: Versöhnung

Ziele

Im Land ohne Ecken und Spitzen gilt auch eine besondere Philosophie der Strafe. Wer die Gesetze dieses Landes bricht, muss als »logische Konsequenz« das Land verlassen, aber er wird keiner demütigenden Strafe unterworfen. Auch das ist ein Gedanke, der die Kinder beeindrucken wird. Sie kennen die Gesetze ihrer Welt, in der oft so bestraft wird, dass der Delinquent sein Gesicht verliert. Mit solchen Erfahrungen ist es dann natürlich für die Kinder schwer, sich selbst nach einem Streit wieder zu versöhnen. Die Kinder brauchen lange, bis sie verstehen, dass ein Streit nicht durch die Niederlage einer Partei geschlichtet werden kann, sondern durch Versöhnung und ggf. durch Wiedergutmachung.

In dieser Phantasie geben wir den Kindern Gelegenheit, eine etwas schwierige Beziehung aus einem neuen, versöhnlichen Blickwinkel zu betrachten.

Altersempfehlung: ab 9 Jahre

Anleitung

Im Land ohne Ecken und Spitzen haben die Menschen keine Rachegedanken. Sie haben eine besondere Art, nach einem Streit eine Versöhnung vorzubereiten. Ihr könnt gleich ausprobieren, was sie dort tun:

Setzt euch bequem hin und schließt die Augen. Atmet dreimal tief aus...

Wenn du jetzt ganz angenehm und entspannt dasitzt, kannst du an jemanden denken, mit dem du manchmal Schwierigkeiten hast. Vielleicht fällt dir jemand ein, den du selbst manchmal in Wut bringst, den du manchmal verletzt oder lächerlich machst. Vielleicht denkst du auch an jemanden, der dich nervt, weil er oder sie anders ist als du oder unfreundliche Sachen über dich sagt ...

Stell dir vor, dass du mit dieser Person auf dem Boden eine Art Ringkampf machst. Richte es so ein, dass dabei keiner von euch gewinnt oder verliert... Nun steh auf und sieh, wie jeder von euch auf den anderen zugeht. Stell dir vor, dass ihr zusammenkommt und euch dabei in ganz friedlicher Weise bewegt. Vielleicht lächelt ihr euch jetzt an, vielleicht tanzt ihr sogar zusammen... Schau dem Tanz zu, wie ihr euch gemeinsam bewegt, aufeinander eingeht und Spaß miteinander habt. Spüre, wie sich das anfühlt...

Ich werde herumgehen und du kannst mir ins Ohr flüstern, mit wem du getanzt hast und wie das für dich war.

c) Kreatives Schreiben: Versöhnungsbrief

Ziele

Kinder müssen lernen, sich selbst und anderen zu vergeben, denn angesammelte Ressentiments und Ärger führen unweigerlich zu Verspannungen und Blockaden und zu einer Beeinträchtigung der Lebensfreude.

Hier fordern wir die Kinder auf, einen Versöhnungsbrief zu schreiben, in dem sie einem »Missetäter« zu verstehen geben, dass sie nicht länger ärgerlich und verletzt sind.

Altersempfehlung: ab 9 Jahre

Anleitung

Im Land ohne Ecken und Spitzen gibt es nicht nur runde Schilder und sanfte Polizisten, es gibt dort auch eine besondere Post. Die Menschen müssen dort kein Porto bezahlen, wenn sie einen Versöhnungsbrief abschicken. Es reicht aus, wenn auf dem Umschlag an der Stelle, wo normalerweise die Briefmarke aufgeklebt wird, das Wort steht: »Versöhnungsbrief.«

Lass dir jemanden einfallen, auf den du ärgerlich gewesen bist, der dich verletzt oder dir irgendwie Unrecht getan hat. Such dir jemanden aus, dem du jetzt vielleicht verzeihen kannst, weil schon genug Zeit vergangen ist oder weil du einfach findest, dass du einen neuen Anfang machen möchtest. Du kannst dir jemanden aussuchen, der dir so wichtig ist, dass du dir wünschst, der alte Groll möge nicht mehr zwischen euch stehen.

Nimm dir ein Blatt Papier und schreibe dieser Person einen kurzen Brief. Gib dem Brief drei Teile: Sag zuerst, womit diese Person dich verletzt hat. Sag der Person dann, dass du ihr vergibst, und erzähle ihr zum Schluss, was du in Zukunft mit ihr machen möchtest. Vergiss nicht, das heutige Datum auf deinen Brief zu schreiben und deine Unterschrift darunter zu setzen.

(Diese Briefe müssen nicht abgeschickt werden. Eine schöne Möglichkeit ist es, wenn die Kinder ihre Briefe anschließend in kleine Schnipsel zerreißen und sie gemeinsam draußen zusammen mit ein paar Sonnenblumenkernen oder anderen Samen in der Erde versenken; die keimenden Samen sind dann mit ihrem Wachstum ein schönes Symbol der Versöhnung.)

V. Märchen: Menasehs Traum

Ziele
Die Kinder sollen sensibilisiert werden für das Geheimnis der Toten und die Grenze des Lebens: Liebe kann bleiben über den Tod hinaus.

Biblische Assoziationen
Hesekiel 24,17 (»Heimlich darfst du seufzen, aber keinen Toten halten ...«); Psalm 88,11 (»Herr, wirst du Wunder tun an den Toten ...«); 2. Timotheus 4,1 (»... zu richten die Lebendigen und die Toten«)
Altersempfehlung: ab 8 Jahre

1. Vorlesetext [24]

Menaseh war ein Waisenkind. Er lebte bei seinem Onkel Mendel, einem armen Glaser, der es kaum schaffte, seine eigenen Kinder recht zu versorgen. Menaseh war bald mit der Schule fertig. Nach den Herbstferien sollte er bei einem Buchbinder in die Lehre gehen.

Menaseh war schon immer ein wissbegieriges Kind gewesen. Kaum konnte er sprechen, hörte er mit Fragen gar nicht mehr auf.

»Wie hoch ist der Himmel?«

»Wie tief ist die Erde?«

»Was kommt nach dem Rand der Welt?«

»Warum werden Menschen geboren?«

»Warum sterben sie?«

Es war an einem heißen und feuchten Sommertag. Ein goldener Dunstschleier lag über dem Dorf. Die Sonne war klein wie der Mond und gelb wie Messing.

Menaseh zankte sich mit seiner Tante Dwoscha und ging ohne Mittagessen aus dem Haus. Er war ungefähr zwölf Jahre alt, hatte ein schmales Gesicht, dunkle Augen und hohle Wangen. Er trug eine verschlissene Jacke und ging barfuß. Alles, was er besaß, war ein zerrissenes Ge-

schichtenbuch, das er schon Dutzende Male gelesen hatte. Es hieß »Allein im wilden Wald«. Das Dorf, in dem er lebte, lag mitten in einem Wald.

Menaseh ging durch Wiesen und Kornfelder. Er war hungrig und riss sich eine Kornähre ab, um die Körner zu kauen.

Auf den Wiesen lagen Kühe, und es war so heiß, dass sie sogar zu faul dazu waren, mit dem Schwanz die Fliegen zu verscheuchen.

Sobald Menaseh in den Wald kam, wurde es kühler.

Wie Säulen standen die Kiefern, und um ihre braunen Stämme hingen goldene Sapperlätzchen, das waren Sonnenflecken. Kuckuck und Specht waren zu hören und der gellende Ruf eines Vogels, den er nicht sehen konnte.

Vorsichtig ging Menaseh über grüne Moospolster.

Der Wald war still und doch voller Stimmen und Geräusche. Menaseh wanderte immer tiefer hinein in den Wald. Sonst ließ er Steine hinter sich fallen, um den Heimweg wiederzufinden, aber heute tat er das nicht. Er fühlte sich einsam, der Kopf tat ihm weh, und die Knie wurden ihm weich. Werde ich krank? dachte er. Dann bin ich bald bei Vater und Mutter. Er setzte sich in eine Mulde voller Heidelbeersträucher und stopfte sich eine Beere nach der anderen in den Mund. Aber er war immer noch hungrig. Um die Heidelbeeren wuchsen wilde Blumen, die einen berauschenden Duft verströmten. Ohne dass er es merkte, streckte sich Menaseh auf dem Waldboden aus und schlief ein. Aber im Traum wanderte er weiter.

Die Bäume wurden noch größer, es duftete noch stärker, und riesige Vögel flogen von Ast zu Ast. Die Sonne ging unter. Bald wurde der Wald lichter, und er kam auf eine Ebene mit weitem Blick auf den Abendhimmel. Plötzlich tauchte im Zwielicht ein Schloss auf. Menaseh hatte noch nie ein so wunderschönes Bauwerk gesehen. Das Dach war aus Silber, und darüber erhob sich ein Kristallturm. Die vielen Fenster waren so hoch wie das Gebäude selbst. Menaseh ging auf eines der Fenster zu und schaute hinein. An der Wand gegenüber hing sein eigenes Bild. Er war in prächtige Gewänder gekleidet. Der riesige Raum war menschenleer.

Warum ist das Schloss leer? wunderte er sich. Und warum hängt ein Bild von mir an der Wand? Der Junge auf dem Bild schien lebendig zu sein, und er sah so aus, als würde er ungeduldig auf jemanden warten. Türen öffneten sich, wo vorher keine waren, und Frauen und Männer kamen in den Raum. Sie waren in weißen Satin gekleidet, und die Frauen trugen

Juwelen und hielten goldbestickte Gebetbücher in den Händen. Menaseh war starr vor Staunen.

Er erkannte Vater und Mutter, Großvater und Großmutter und andere Verwandte. Er wollte zu ihnen, sie umarmen und küssen, aber das Fenster war im Weg. Menaseh weinte bitterlich.

Da kam sein Großvater Tobias der Schreiber ans Fenster. Der Bart des alten Mannes war so weiß wie sein Mantel. Er sah alt und jung zugleich aus.

»Warum weinst du?« fragte er. Obwohl das Glas sie trennte, konnte Menaseh ihn deutlich hören.

»Bist du mein Großvater Tobias?«

»Ja, mein Kind, ich bin dein Großvater.«

»Wem gehört das Schloss?«

»Uns allen.«

»Mir auch?«

»Natürlich, der ganzen Familie.«

»Großväterchen, lass mich ein!« rief Menaseh. »Ich will mit Vater und Mutter sprechen.«

Liebevoll schaute ihn der Großvater an und sagte: »Eines Tages wirst du hier mit uns leben, aber die Zeit ist noch nicht gekommen.«

»Wie lange muss ich noch warten?«

»Das ist ein Geheimnis. Es wird noch viele, viele Jahre dauern.«

»Großväterchen, ich will nicht so lange warten. Ich habe Hunger und Durst, und ich bin müde. Ich sehne mich nach Vater und Mutter und nach Großmutter und dir. Ich will kein Waisenkind mehr sein.«

»Mein liebes Kind, wir wissen alles. Wir denken an dich, und wir lieben dich. Wir warten alle auf den Tag, da wir zusammensein werden, aber du musst Geduld haben. Du hast noch eine lange Reise vor dir, ehe du bei uns bleiben wirst«.

»Bitte, lass mich nur ein paar Minuten hinein.«

Großvater Tobias ging vom Fenster weg und beriet sich mit den anderen Familienmitgliedern. Als er zurückkam, sagte er: »Du kannst hereinkommen, aber nur für eine kleine Weile.«

Eine Tür öffnete sich, und Menaseh ging hinein. Kaum war er über die Türschwelle getreten, da verspürte er weder Hunger noch Müdigkeit. Er umarmte seine Eltern, und sie küssten und drückten ihn an sich. Aber sie sprachen kein Wort. Menaseh fühlte sich seltsam leicht. Er schwebte, und seine Familie schwebte auch. Der Großvater öffnete Tür um Tür, und jedesmal wuchs Menasehs Erstaunen.

Ein Zimmer war angefüllt mit Kinderkleidern: Hosen, Jacken, Hemden, Mäntel. Menaseh erkannte alle seine Kleider, die er getragen hatte, soweit er sich erinnern konnte.

Eine zweite Tür wurde geöffnet, und Menaseh sah alles Spielzeug, das er einmal gehabt hatte: die Zinnsoldaten, die ihm der Vater gekauft hatte; die Pfeifen und Harmonikas; den Brummbären, den ihm der Großvater an Purim gegeben hatte, und das Holzpferdchen, ein Geschenk von Großmutter Sprintze zu seinem sechsten Geburtstag. Die Hefte, in denen er schreiben geübt hatte, seine Bleistifte und die Bibel lagen auf einem Tisch. Die Bibel war geöffnet, und er sah das wohlbekannte Bild von Moses mit den Gesetzestafeln und Aaron in seinen wallenden Gewändern.

Menaseh kam kaum aus dem Staunen heraus, als die dritte Tür geöffnet wurde. Dieses Zimmer war angefüllt mit Seifenblasen. Aber sie platzten nicht, wie Seifenblasen das tun, sondern sie segelten feierlich umher und schillerten in allen Regenbogenfarben. Einige spiegelten Schlösser wider, Gärten, Flüsse, Windmühlen und vieles andere. Menaseh wusste, dass das die Seifenblasen waren, die er aus seiner liebsten Seifenblasenpfeife geblasen hatte.

Die vierte Tür wurde geöffnet. Und obwohl kein Mensch zu sehen war, war das Zimmer erfüllt von munterem Geplauder, von Gesang und Gelächter. Menaseh hörte seine eigene Stimme und die Lieder, die er gesungen hatte, als er noch mit seinen Eltern zusammengewesen war.

Er hörte auch die Stimmen seiner früheren Spielkameraden; einige hatte er längst vergessen.

Die fünfte Tür führte in eine große Halle. Hier waren alle die Personen aus den Gutenachtgeschichten versammelt, die ihm seine Eltern erzählt hatten, auch die Helden aus Allein im wilden Wald. Alle waren sie da: David der Krieger und die ägyptische Prinzessin, die David vor der Gefangenschaft bewahrt hatte; der Straßenräuber Bandurek, der die Reichen ausraubte und den Armen half; Velikan der Riese, der ein Auge mitten auf der Stirn hatte und der eine Tanne als Wanderstab in der Rechten trug und eine Schlange in der Linken.

Menaseh hatte kaum Zeit, sie alle zu erkennen, da öffnete sich die sechste Tür. Alles und jedes veränderte sich fortwährend. Die Wände drehten sich wie ein Karussell. Bilder blitzten auf. Ein goldenes Pferd wurde ein blauer Schmetterling. Eine Rose, leuchtend wie die Sonne, wurde ein Glas, aus dem feurige Heupferdchen flogen, purpurne Faune und silberne Fledermäuse. Auf einem glitzernden Thron, zu dem sieben Stufen führten, saß König Salomo, der Menaseh irgendwie ähnlich sah. Er trug eine Krone, und zu seinen Füßen kniete die Königin von Saba. Ein Pfau drehte ein Rad.

Einen Augenblick verstand Menaseh gar nicht, was das alles bedeuten sollte. Dann merkte er, dass er seine Träume sah.

Hinter der siebenten Tür erkannte Menaseh undeutlich Männer und Frauen, Tiere und viele Dinge, die ihm völlig fremd waren. Die Figuren waren durchsichtig und von Nebel umgeben. Auf der Türschwelle stand ein Mädchen in seinem Alter. Sie hatte lange, goldene Zöpfe. Obwohl Menaseh sie nicht deutlich sehen konnte, mochte er sie gleich.

Zum ersten Mal drehte er sich zu seinem Großvater um. »Was bedeutet das alles?« wollte er wissen.

Und Großvater antwortete: »Das sind die Menschen und Ereignisse deiner Zukunft.«

»Wo bin ich?« fragte Menaseh.

»Du bist in einem Schloss, das viele Namen hat. Wir nennen es den Ort, wo nichts verloren ist. Es gibt noch viel mehr Wunder hier, aber jetzt ist es Zeit für dich. Du musst gehen.«

Menaseh wollte an diesem seltsamen Ort für immer bleiben, zusammen mit seinen Eltern und Großeltern. Fragend schaute er den Großvater an, aber der schüttelte nur den Kopf.

Ohne zu sprechen, sagten ihm seine Eltern Lebewohl. Sogleich war alles verschwunden – das Schloss, die Eltern, Großeltern und das Mädchen.

Menaseh schauderte und wachte auf. Es war Nacht im Wald. Tau fiel. Über ihm hoch oben die Kronen der Kiefern. Der Mond schien voll, und die Sterne blinkten. Er schaute in das Gesicht eines Mädchens, das sich über ihn beugte. Sie war barfuß und hatte eine geflickte Schürze umgebunden. Ihre langen Zöpfe glänzten golden im Mondschein. Sie schüttelte ihn und sagte: »Steh auf, steh auf! Es ist spät. Du kannst nicht hier im Wald bleiben.«

Menaseh setzte sich auf. »Wer bist du?«

»Ich habe Beeren gesucht und dich hier gefunden. Ich wollte dich aufwecken.«

»Wie heißt du?«

»Channeleh. Letzte Woche sind wir ins Dorf gekommen.«

Sie kam ihm bekannt vor, aber er konnte sich nicht daran erinnern, wo sie getroffen haben mochte. Plötzlich wusste er es aber. Sie war das Mädchen, das er im siebenten Zimmer gesehen hatte, bevor er aufgewacht war.

169

»Du lagst hier wie tot. Ich fürchtete mich, als ich dich sah. Hast du geträumt? Dein Gesicht war so blass, und deine Lippen haben sich bewegt.«

»Ja, ich habe geträumt.«

Menaseh antwortete nicht, und das Mädchen fragte nicht weiter. Sie machten sich zusammen auf den Heimweg. Nie zuvor hatte der Mond so hell geschienen, nie zuvor waren die Sterne so nah.

Menaseh wusste, dass sein Onkel böse auf ihn sein würde, weil er so spät nach Hause kam. Die Tante würde mit ihm schimpfen, weil er ohne Mittagessen gegangen war. Aber das machte ihm alles gar nichts mehr aus. In seinem Traum hatte er eine ganz merkwürdige Welt besucht. Und er hatte eine Freundin gefunden. Channeleh und er hatten schon ausgemacht, am nächsten Tag miteinander in die Beeren zu gehen.

Isaac Bashevis Singer (gekürzt)[24]

2. Sing- und Klangspiel

Ziele
siehe Seite 165
Altersempfehlung: ab 8 Jahre

Benötigte Materialien
Orff'sche Instrumente, sowie die nachstehenden kleinen Sing- und Spielvorschläge

Anleitung
Das Märchen von »Menasehs Traum« ist voller Geheimnisse. Weil Menaseh sich so allein fühlt, sehnt er sich nach seinen toten Eltern und Großeltern. Im Traum erfüllt sich der Wunsch, ihnen nahezukommen – aber alles ist in dieser Welt so ganz anders: Da leben sogar Träume, Erinnerungen, Wünsche, Vergangenheit und Zukunft – und die Liebe verbindet immer noch!

Dieses zarte Traummärchen möchte ich mit euch in ein kleines Sing- und Tanzspiel verwandeln.

Über einer Untergrundbegleitstimme auf einem Altxylophon setzt langsam ein kleines Lied ein, das von Menaseh erzählt. Hört zu, versucht bald mitzusummen und dann etwas mitzusingen:

Singstimme:

Hört zu, hört zu, ihr glaubt es kaum,

Ostinato:

Altxylophon:

hört auf das Lied von Me - na - sehs Traum.   1. Der
2. Er

klei - ne Jung', der ist ein Wai - sen - kind,   hört,
sieht den Ort, wo nichts ver - lo - ren - geht,   er

ich er - zähl', was ei - nes Tag's er find't!
träumt, dass Tür auf Tür ihm of - fen - steht.

171

Ihr wisst, der unglückliche Menaseh schläft im Wald ein, er träumt und macht im Traum eine seltsame Wanderung: Seine Traum-Wandermusik, seine Schritte summen wir alle von der gleichbleibenden Grundstimme nach: a-f-e-c-, a-f-e-c-, a-f-e-c ... , – sehr zart und sanft.

Jetzt kann nochmals Strophe 2 gesungen werden, von dem geheimnisvollen Ort mit den 7 Türen.

(Es folgt Strophe 2)

Wenn sich eine Traumtür öffnet, dann gleitet mit den Schlegeln sanft über Glockenspiel und Metallophon.

Dazu können wir singen:

Text und Musik:
Wolfgang Longardt

Bei jeder neuen Tür wiederholen wir diese Klänge und diese Melodie. Wisst ihr noch, was hinter den Türen zu sehen war?

(Die Kinder erinnern sich an die sieben Türen des Traumes.)

Aber leider musste Menaseh wieder Abschied nehmen, auch von Vater und Mutter, die er so lieb hat. Tote können wir nicht festhalten. Sie sind uns voraus, sind aus der Zeit in Gottes Ewigkeit gegangen.

Nach dem Erwachen geht auch Menasehs Weg weiter, aber eine Gefährtin, eine die ihn gut versteht, hat er gefunden. Beide gehen langsam davon, ihre Schritte lassen wir immer leiser werden. So klingt die Traummusik aus:

Musik: Wolfgang Longardt

3. Wollfadenbilder-Spiel

Ziele
siehe Seite 165
Altersempfehlung: ab 8 Jahre

Benötigte Materialien
Einfarbige Teppichfliesen, bunte Wollfadenreste sowie flache Gefäße mit Wasser; ferner ein zartes Chiffon-Halstuch

Anleitung
Unser Traummärchen, in dem sich Menaseh für einen kleinen Augenblick wieder seinen toten Eltern und Großeltern nahefühlt, wollen wir nicht so schnell vergessen. Obwohl Menaseh seine Eltern nicht festhalten kann (sie gehören ja nicht mehr zur sichtbaren irdischen Welt), erfährt er, dass sie ihn weiter liebhaben. Liebe kann über den Tod hinausreichen.

Ich habe hier ein dunkles, etwas durchsichtiges Tuch. Es kann Bilder aufdecken und wieder verhüllen.

Überlegt immer zu zweit und zu dritt, welche Bilder des Wunschtraumes, welche Zimmer und Traumtüren ihr in Wollbilder darstellen wollt. Feuchtet die Fäden gut an, dann haften die Bilder, und ihr könnt sie behutsam hochheben und allen zeigen.

(15 Minuten Zeit werden die Kinder brauchen, danach gilt es, die Bilder in der Reihenfolge des Märchens zu ordnen.)

Nun kann ich mein Traumtuch zur Hand nehmen. Alle Fliesen sind im Ablauf geordnet. Das erste Wollfadenbild kann schon hinter mein Tuch gehalten werden. Wir summen leise einen Dreiklang, und mein Tuch hebt sich. Ihr seht das erste Fadenbild, so fängt Menasehs Traumweg an ...

(Es folgen Bild auf Bild, das Chiffontuch »trennt« die Bilder, enthüllt und verhüllt wieder, ähnlich den Türen im Märchen. Immer summen die Kinder, ehe ein neues Bild gezeigt wird, einen Dreiklang von unten nach oben.)

Nun haben wir das letzte Bild gesehen. Das Traummärchen kann so ausklingen, dass wir jetzt den Dreiklang von oben nach unten singen, leise und zart, – wie eine Melodie vom Liebhaben, denn mit dem Tod endet Liebe ja nicht. Das hat auch Menaseh gespürt, und für seinen weiteren Weg hat er jemanden ganz neu zum Liebgewinnen an seiner Seite ...

(Die Kinder summen als Ausklang den Dreiklang von oben nach unten.)

Ergänzungsimpuls

Falls noch Zeit bleibt, lohnt es, alle Bilder mit ihren Fliesen in einen großen Kreis zu legen; schweigend schauen wir auf das Ganze, die Gestalt des Märchens hat sich gerundet.

4. Weitere Spielvorschläge

a) Kreatives Malen: Einen Traum malen

Ziele

Menasehs Traum ist eine »Initiationsgeschichte«: Menaseh wird bald mit der Schule fertig sein, um anschließend bei einem Buchbinder in die Lehre zu gehen. Menaseh ist Waise, hat niemanden, der ihm behilflich sein könnte, diesen Übergang in die Welt der Erwachsenen zu schaffen. Von seinem Onkel heißt es, dass er es kaum schaffte, seine eigenen Kinder recht zu versorgen. Aber Menaseh selbst ist ein »wissbegieriges« Kind, und Isaac Singer zeigt sehr schön, wie das begabte Kind die Übergangsproblematik selbst bewältigt.

Sein Traum erfüllt die Aufgabe eines Initiationsrituals. Das Schloss ist ein Symbol für die Persönlichkeit des Kindes. In den einzelnen Räumen entdeckt Menaseh seine Ressourcen. Er sieht die Mitglieder seiner Familie, die nicht mehr am Leben sind, und kann sich mit ihnen verbunden und von ihnen geliebt fühlen. Er sieht sein altes Spielzeug, seine Schulsachen, das heißt, all die Dinge, mit deren Hilfe er gelernt hat. Er sieht in einem weiteren Zimmer all die Personen aus den Geschichten seiner frühen Kinderzeit; sie personifizieren die Wertvorstellungen, die er sich im Laufe des Lebens erworben hat. Schließlich sieht er König Salomo und kann sich mit ihm identifizieren, das heißt, er wird sein Leben meistern können. Und im siebten Zimmer blickt er in die Zukunft und sieht »die Menschen und Ereignisse seiner Zukunft« und vor allem auch das Mädchen mit den goldenen Zöpfen, das ihm wenig später leibhaftig gegenübertreten wird.

Der Traum konsolidiert also die Vergangenheit und beleuchtet all das Wertvolle, was das Waisenkind trotz allem, was ihm fehlte, für sein Leben gewonnen hat. Aber der Traum schaut nicht nur zurück, er ist gleichzeitig auch ein Wunschtraum. Der Junge sehnt sich nach Liebe, und die Geschichte zeigt, dass Menaseh diese Liebe finden wird.

Insofern ist dies eine sehr optimistische Geschichte: Mag das Leben des Kindes noch so hart gewesen sein, es hat gleichwohl genug innere Stärke entwickeln können.

Im folgenden werden zwei wichtige Motive aus der Geschichte aufgegriffen, nämlich das des Traumes und das des Wünschens. Wir beginnen mit dem Motiv des Traumes.

In diesem ersten Spiel können die Kinder sich an irgendeinen eigenen Traum erinnern und diesen Traum zeichnen. Anschließend können die verschiedenen Bilder vorgestellt und besprochen werden.

Es ist wichtig, dass die Kinder Gelegenheit finden, über ihre Träume zu sprechen, und dass sie lernen, dass Träume wertvoll sind, nicht nur interessant oder erschreckend. Träume sind wichtige Botschaften unseres Unbewussten, die unser Leben kommentieren, wie Singers Geschichte zeigt.

Altersempfehlung: ab 8 Jahre

Anleitung

Denkt an irgendeinen Traum, den ihr in der letzten Zeit geträumt habt. Das kann ein ganz kurzer Traum oder ein langer sein... Dann malt ein Bild von eurem Traum. Vielleicht wollt ihr einen Teil des Traumes malen, an den ihr euch besonders gut erinnert, vielleicht wollt ihr auch den ganzen Traum malen. Wenn es ein längerer Traum war, könnt ihr auch mehrere Bilder malen. Manchmal vergessen wir Teile unserer Träume. Wenn ihr euch nur an einen Teil des Traumes erinnern könnt, dann malt ihr einfach das, was euch einfällt.

(Wenn die Kinder ihre Bilder beendet haben und wenn die Kinder schon schreiben können, können Sie einen zweiten Schritt vorschlagen:)

Jetzt schaut euch euer Bild noch einmal an und schreibt einfach auf, welche Gedanken euch jetzt durch den Kopf gehen. Vielleicht wollt ihr aufschreiben, wie ihr euch bei diesem Traum gefühlt habt; vielleicht wollt ihr aufschreiben, was ihr über diesen Traum denkt. Habt ihr eine Ahnung, was der Traum über euch und euer Leben erzählen möchte?

b) Phantasiereise: Ein Wunschtraum

Ziele

Hier laden wir die Kinder dazu ein, etwas Ähnliches zu tun wie Menaseh in der Geschichte, nämlich einen wichtigen Wunsch zu träumen. Wir benutzen dafür eine geleitete Phantasie.

Altersempfehlung: ab 8 Jahre

Anleitung

Setz dich bequem hin und schließ deine Augen. Atme dreimal tief aus... Stell dir vor, dass du draußen in der Natur bist. Vor dir liegt ein Weg, den du entlanggehst. Du kannst diesen Weg breit machen oder schmal, gerade oder gewunden, ganz wie du möchtest... Ich möchte, dass du diesen Weg entlanggehst, bis du zu einem schönen Garten kommst. Um den Garten gibt es einen Zaun oder eine Hecke oder eine schöne, efeubewachsene Steinmauer... Du gehst etwas dichter heran und entdeckst eine kleine Pforte... Du kannst sie leicht öffnen und gehst in den schönsten Garten hinein, den du je gesehen hast. Der Garten ist ganz so, wie du ihn dir wünschst, und er ist nur für dich da... Alle Farben in deinem Garten sind hell und leuchtend. Die Blätter der Bäume und das Gras des Rasens leuchten kräftiggrün... Vielleicht siehst du strahlendgelbe Narzissen, leuchtendrote Tulpen, dunkelblaue Schwertlilien... Der Himmel über dem Garten ist hellblau, und die Sonne scheint golden über diesem friedlichen Garten. Du gehst durch den Garten und kommst an einen großen Baum mit vielen Zweigen. Dieser Baum heißt Sorgenbaum, weil du an seine Äste alle Sorgen hängen kannst, die du vielleicht gerade hast. Bleib einen Augenblick stehen und lass dir von dem Baum helfen. Wenn du eine große Sorge hast, häng sie an einen großen Ast. Wenn du eine kleine Sorge hast, häng sie an einen kleinen Zweig. Atme einmal tief aus und bemerke, dass du dich jetzt etwas leichter fühlst.

Nun kannst du weitergehen an irgendeine Stelle, wo du dich bequem hinsetzen oder gemütlich hinlegen magst. Stell dir vor, dass du die Augen schließt und dass du mit einem Mal weißt, dass dies dein Traumplatz ist. Hier kannst du einen wunderschönen Traum träumen, in dem du siehst und erlebst, wie ein wichtiger Wunsch von dir in Erfüllung geht. Und in deinem Traum kannst du dir vorstellen, was geschieht, wenn dein Wunsch in Erfüllung geht. Vielleicht wünschst du dir einen guten Freund, dann kannst du dir vorstellen, wie du diesen guten Freund triffst, wie er aussieht, was ihr zusammen macht. Oder du wünschst dir, dass deine Eltern mit dir in den Ferien ans Meer fahren, wo du üben kannst, in den Wellen zu schwimmen. Oder vielleicht wünschst du dir etwas, auf das ich jetzt gar nicht kommen kann. An deinem Traumplatz in diesem sicheren schönen Garten kannst du jeden Traum träumen und dir ganz genau vorstellen, wie es sein wird, wenn dieser Traum in Erfüllung geht. Ich will jetzt eine Weile schweigen, damit du dir diesen Traum ganz gut vorstellen kannst und ganz deutlich: Du siehst farbige Bilder, du kannst vielleicht einen bestimmten Duft riechen, du hörst Klänge oder spürst in deinem Körper, wie du dich fühlst, wenn dieser Traum in Erfüllung geht. (1–2 Minuten)

Und nun kannst du diesen Traum in deinem Gedächtnis aufbewahren. Du kannst wissen, dass du in deiner Phantasie immer wieder in diesen Garten zurückkehren kannst, wenn du etwas an den Sorgenbaum hängen willst oder wenn du wieder einen schönen Traum träumen möchtest ... Du kannst dem Garten zum Abschied danken, dass er für dich da ist.

Und nun komm wieder zu uns zurück, hier in diesen Raum, atme einmal tief aus, und wenn du gleich die Augen öffnest, dann kannst du dich wach und frisch fühlen ...

Nimm ein Blatt Papier und male, was in deinem Wunschtraum passiert ist.

Wenn du willst, kannst du deinen Wunschtraum auch aufschreiben. Und wenn du zu Ende gemalt oder geschrieben hast, dann erfinde eine passende Überschrift für das Bild oder für den Text.

c) Kreatives Schreiben: Ich wünsche mir...

Ziele

Wie die Geschichte von Menaseh zeigt, verbinden uns unsere Wünsche oder Wunschträume mit der Zukunft. Unsere Wünsche geben unserem Leben eine Richtung, sie helfen uns, Hindernisse und Schwierigkeiten zu überwinden. Es ist wichtig, dass die Kinder in Abständen immer wieder Gelegenheit haben, ihre eigenen Wünsche zu artikulieren, bzw. zu hören, welche Wünsche andere Kinder haben. In diesem Experiment regen wir die Kinder an, eine Fülle von Wünschen auszudrücken, nicht nur einen einzelnen großen Wunsch. Dazu sollen sie ein »Wunschgedicht« schreiben, dessen Zeilen sich nicht reimen müssen.

Um die Phantasie der Kinder anzuregen, können Sie dieses Experiment mit dem Bild der Schatztruhe einleiten.

Altersempfehlung: ab 8 Jahre

Anleitung

Heute habe ich euch etwas Besonderes und Wunderschönes mitgebracht. Ihr könnt es nur sehen, wenn ihr eure Phantasie benutzt. Dieses Ding ist sehr, sehr groß, und ich will es euch gleich mit meinen Händen zeigen, wie hoch, wie lang, wie breit es ist und wie schwer. Vielleicht könnt ihr raten, was das ist. Zuerst werde ich dieses Ding von draußen hereintragen und hier mitten in unser Zimmer stellen. Ein Kind soll die Tür öffnen und dann hinter mir wieder zumachen.

(Tragen Sie eine imaginäre Schatztruhe mit zwei großen Griffen auf beiden Seiten in den Raum. Gehen Sie so, dass die Kinder sich vorstellen können, dass die Truhe schwer und geräumig ist. Sie können anschließend mit Ihren Händen noch die Form dieses imaginären Objektes andeuten.)

Bitte sagt noch nicht, was ich hierher gebracht habe. Ich will euch ein paar Dinge zeigen, die in diesem merkwürdigen Ding sind, was ich gerade hereingetragen habe. (Tun Sie so, als ob Sie den Deckel der Truhe öffneten, und holen Sie pantomimisch ein paar Dinge heraus, z. B. einen kleinen Hund, ein paar neue Schuhe, ein Fahrrad.) Aber in diesem Ding sind noch viel mehr schöne und interessante Dinge. Könnt ihr mir jetzt sagen, was ich hereingetragen habe?...

Ja, das ist eine große Schatztruhe, und darin ist alles, was wir uns nur wünschen können. Vielleicht wünscht sich einer von uns tatsächlich einen Hund als Haustier, vielleicht wünscht sich ein anderer etwas zum Anziehen; vielleicht wünscht sich ein Kind, dass die Familie ab und zu gemeinsam einen Ausflug macht; vielleicht wünscht sich ein anderes Kind, dass die Eltern häufiger lachen und vergnügt sind. Ich möchte, dass ihr euch hier gleich ein Stück Papier herausnehmt. Malt zuerst ein paar Dinge auf, die ihr euch aus dieser Schatzkiste wünschen würdet. (5–10 Minuten)

Nehmt euch ein anderes Blatt Papier und schreibt ein Gedicht auf. Das Gedicht hat den Titel: Ich wünsche mir... Das Gedicht muss sich nicht reimen. Lasst jede Zeile mit den Worten anfangen: Ich wünsche mir... Ihr könnt kleine und große Wünsche nennen, Wünsche, die vielleicht in Erfüllung gehen, Wünsche, die nicht so leicht in Erfüllung gehen. Viele, viele Wünsche könnt ihr nennen und daran denken, dass in dieser Schatzkiste alles ist, was wir uns nur wünschen können.

d) Kreatives Schreiben: Drei Wünsche

Ziele

Singers Geschichte endet damit, dass Menasehs Wunschtraum in Erfüllung geht. Wie sich die Freundschaft zu dem Mädchen mit den blonden Zöpfen entwickelt, wird nur angedeutet:

»Channeleh und er hatten schon ausgemacht, am nächsten Tag zusammen in die Beeren zu gehen.«

Hier regen wir die Kinder an, auch zu beschreiben, was geschieht, wenn ihre Wünsche in Erfüllung gehen. Sie können dieses Zukunftsbild innerlich ausgestalten und auf diese Weise ein Gefühl dafür entwickeln, welche Konsequenzen sich aus ihren Zielen ergeben können.

Altersempfehlung: ab 8 Jahre

Anleitung

Erfindet nun selbst eine Geschichte.

Stell dir vor, dass du irgend jemanden triffst, der zaubern kann. Es kann eine Person sein, die du aus einer Geschichte kennst oder die du dir ausdenkst. Wichtig ist, dass diese Person dir sagt, dass du drei Wünsche frei hast.

Beschreibe, wo du diese Person triffst, wer diese Person ist, wie sie aussieht, was sie zu dir sagt. Dann beschreibe, welche drei Wünsche du der Person nennst.

Beschreibe auch, was geschieht, wenn die Wünsche in Erfüllung gegangen sind. Wie verändert sich dein Leben? Beschreibe, wie du dich dann fühlst, was du dann tun kannst, was es dann Neues in deinem Leben gibt. Und wenn du deine Geschichte aufgeschrieben hast, dann gib ihr eine passende Überschrift.

F. Registerteil

I. Anmerkungen

[1] Sowohl F. Copei (»Der fruchtbare Moment im Bildungsprozess«) als auch Heinrich Roth (»Pädagogische Psychologie des Lehrens und Lernens«) und Heinrich Dietz (»Erziehung braucht Phantasie«) konstatieren, wie Gelerntes meist spurlos versinkt.

[2] Siehe H. Dietz, »Erziehung braucht Phantasie«, S. 113

[3] Siehe H. Dietz, a. a. O., S. 113

[4] Siehe A. Höfer, »Gottes Wege mit den Menschen« /gestaltpädagogisches Bibelwerkbuch, sowie A. Höfer/J. Thiele, »Spuren der Ganzheit«.

[5] Siehe W. Longardt, »Vom »symbol- zum gestalt-orientierten Ansatz in der elementaren Religionspädagogik«, in »was + wie?«, Zeitschrift für religiöse Erziehung, Heft 4, 1992; und W. Longardt, »Den Blick auf Ganzheiten richten« – Leitsätze zur gestalt-orientierten Religionspädagogik, in »was + wie?«, Heft 2/1995, Gütersloher Verlagshaus G. Mohn.

[6] Ein neueres Beispiel dieser äußerst unlogischen Aneinanderreihung der die Thematik verharmlosenden Knie-Reiter-Strophe, an die die alten Originalverse einfach »angehängt« wurden, findet sich im »Großen Buch der Volkslieder« bei Kiepenheuer & Witsch, Köln, 1993 in der Bertelsmann-Buchgesellschaft veröffentlicht.

[7] Der im religionspädagogischen Praxisteil in eine kindliche Traum-Geschichte umgeformte polnische Kurzfilm »DER WEG« (siehe Seite 140) entfaltet beispielhaft die Notwendigkeit von Weg-Entscheidungen.

[8] Zu Fußbodenbildern mit ausgeschnittenen Fußsohlen aus Papier (Fußumrisse) vergleiche man auch die Impulse von Seite 24

[9] Das Märchen »Die Straße, die nirgends hinführte« ist dem Buch Gutenachtgeschichten am Telefon von Gianni Rodari entnommen. Die Rechte liegen beim K. Thienemanns Verlag, Stuttgart–Wien–Bern.

[10] Wer mit diesem Märchen dialogisch zu biblischen Aufbruchsgeschichten (etwa der von Abraham, Seite 89) arbeiten möchte, wird zu ergiebigen Vergleichen kommen. Welcher Art sind Martinos Ermuti-

gungen, die ihn vor dem Umkehren bewahrt, und von woher nimmt z. B. Abraham immer neuen Mut und neue Kraft, seinen Weg weiter-zugehen?

[11] Didaktisch-methodische Hinweise und Praxistips zu »Titelspielen« finden sich zahlreich im »SPIELBUCH RELIGION«, W. Longardt, Verlage E. Kaufmann und Christophorus.

[12] Die Fabel »Das Krokodil, der Tiger und der Wandersmann« stammt von Johann Ferdinand Schlez, einem fränkischen Pfarrer und Fabeldichter. Sie ist dem Band »Fabeln und Parabeln der Welt-literatur« vom Th. Etzel (Hrsg.), BECHTERMÜNZ-Verlag, ent-nommen.

[13] Die Geschichte (aus dem Englischen übersetzt) entstammt dem Band »Earth Tales« und sind dem Kapitel »A long way from home« ent-nommen.

[14] Diese fernöstliche Geschichte einer Reise und Schatzsuche ist dem Band »Bestrafte Neugier. Anekdoten und Schwänke aus dem Orient« (Rechte beim Gustav-Kiepenheuer-Verlag Leipzig, 1979) entnom-men (Übersetzer: Johannes Hertel).

[15] Für uns Erwachsene zeigt Helmut Harks Buch »Der Traum als Gottes vergessene Sprache« aus dem Walter-Verlag tiefenpsychologische und religiöse Deutungsmöglichkeiten auf.

[16] Rudolf Otto Wiemer hat den Text zu einem Abraham-Lied geschrie-ben, das im Band »99 Kinderlieder zur Bibel« mit einer Melodie von D. Trautwein im Ernst-Kaufmann-Verlag und Christophorus-Verlag erschienen ist. In Wiemers phantasievollen Strophen werden die obengenannten fünf Land-Namen verwendet.

[17] Vermutlich stören malende und musizierende Gruppen einander, viel-leicht können die Musikanten in einen angrenzenden Neben-Raum gehen, weil sie wohl weniger Platz brauchen.

[18] Karawanen transportieren Trinkwasser häufig in Wasserschläuchen, weil sie sich auf den Tieren leichter befestigen lassen als allzu viele Krüge; immerhin werden auch Zelte und Hausrat den Tieren aufge-packt.

[19] Bei der Erstbegegnung mit dieser langen Geschichte bieten sich ge-rade die »Eckszenen« von Anfang und Schluss des großen Erzähl-bogens an, um die Friedens- und Versöhnungsmotivik zu entfalten, – später kommen dann Detailvertiefungen, etwa rund um die Träume und das Auf und Ab Josefs genauer zur Sprache (siehe u. a. Josefs-lied, Seiten 125 und 130).

[20] Didaktische Nachbemerkung: Im Sinne »gestalt-orientierter Religionspädagogik«, der es um das Wahrnehmen von Ganzheiten geht, wird hier am Ende einer Josef-Spiel- und Lerneinheit sein »ganzer Weg Gestalt«.

[21] In vielen Medienverleihzentren ist der polnische Zeichentrickfilm »Der Weg« (16 mm) von Miroslaw Kijnowicz entleihbar, der allerdings für Jugendliche und Erwachsene gestaltet ist.
An Motive dieser Filmgeschichte lehnt sich die obige Kindertraum-Erzählung an.

[22] In der gestaltpädagogisch orientierten Religionspädagogik des Grazer Professors Albert Höfer kommen solche Handgravurübungen immer wieder vor, um Bilder und Symbole zu vertiefen. Siehe dazu A. Höfer, »Ins Leben kommen. Ein gestaltpädagogisches Bibelwerkbuch«, Don Bosco Verlag 1995.

[23] Die Originalfassung des Giovanni-Rodari-Märchens ist u. a. zu finden im GTB-Märchenband 889, »Wenn Träume sich erfüllen«, S. 56. Die vorliegende Erzählgestaltung nach Motiven dieses Märchens stammt von Wolfgang Longardt.

[24] Das gekürzte Märchen von Isaac Bashevis Singer findet sich im Band »Massel und Schlamassel« (© 1988 Carl Hanser Verlag München Wien).

II. Verzeichnis der Symbol-Stichworte

III. Verzeichnis der personellen und interpersonellen Stichworte

186

IV. Verzeichnis der Spielarten

Gestalterische Spielarten

Sonstige Formen

V. Verzeichnis der Lieder und kurzen Erzähl-Refrains

Kurze Erzähl-Refrains

VI. Weiterführende Literatur

a) Zum ganzheitlichen-erzählerischen Ansatz:

W. Longardt/W. Gerts, Kinderbibeltage – Kinderbibelwochen, Gütersloher Verlagshaus Gerd Mohn, 1993

W. Longardt, Ermutigung zum Glauben. Von und mit Kindern lernen, Herder-Verlag, 1988

I. Jüntschke/W. Longardt, Bunt wie der Regenbogen. Geschichten für 4–8jährige, Gütersloher Verlagshaus Gerd Mohn, 1992

Werner Laubi, Die Himmel erzählen. Narrative Theologie und Erzählpraxis, Verlag Ernst Kaufmann, Lahr, 1995

b) Zum interaktionellen Spielansatz:

Klaus W. Vopel, Kinder können kooperieren. Interaktionsspiele für die Grundschule, Teil 1–4, iskopress, Salzhausen, 1996

Klaus W. Vopel, Interaktionsspiele für Kinder, Teil 1–4, iskopress, Salzhausen, 7. Aufl. 1996

Klaus W. Vopel, Der fliegende Teppich. Leichter lernen durch Entspannung, Teil 1 für 6- bis 12jährige, Teil 2 für Jugendliche ab 13, iskopress, Salzhausen, 1995

M. Ehrlich/K. W. Vopel, Wege des Staunens. Übungen für die rechte Hemisphäre, Teil 1 bis 5 (1) Kreatives Schreiben (2) Malen und Formen (3) Phantasiereisen (4) Probleme lösen (5) Kreative Bewegung und Tanz, iskopress, Salzhausen, 1992–1996

Klaus W. Vopel, Denken wie ein Berg, fühlen wie ein Fluß. Spiele und Experimente für eine respektvolle Einstellung zur Natur für 6- bis 12jährige, iskopress, Salzhausen, 2. Aufl. 1995

K. W. Vopel/B. Wilde, Glaube und Selbsterfahrung im Vaterunser. Ein Kurs für lebendiges Lernen im kirchlichen Unterricht, iskopress, Salzhausen, 3. Aufl. 1985

Klaus W. Vopel, Nicht vom Brot allein. Affektive Strategien zur Werteklärung für Kinder und Jugendliche, iskopress, Salzhausen, 1994